사회평론

글 사회평론 과학교육연구소
대학에서 오랫동안 과학을 연구한 전문가들이 모여, 우리 아이들이 쉽고 재미있게 공부할 수 있는 책을 만들고 있습니다.

글 김형진 (사회평론 과학교육연구소 연구원)
연세대학교 천문대기과학과를 졸업하고 같은 대학교 대학원에서 석사, 박사 학위를 받았습니다. 과학자를 꿈꾸는 아이들에게 올바른 과학 개념과 과학적 태도를 함께 키울 수 있는 방법을 전달하기 위해 노력하고 있습니다. 현재 사회평론 과학교육연구소 연구원으로 과학책을 만들고 있습니다.

글 이명화 (사회평론 과학교육연구소 연구원)
서울대학교 물리교육과를 졸업하고 같은 대학교 대학원에서 석사, 박사 학위를 받았습니다. 10여 년간 중학교에서 과학을 가르쳤으며, 미국 아리조나 주립대에서 물리학으로 박사 학위를 받고 독일, 미국, 영국에서 연구원으로 근무하였습니다. 쉽고 재미있는 과학책을 쓰는 일에 관심을 갖고 있으며, 현재 사회평론 과학교육연구소 연구원으로 과학책을 만들고 있습니다.

글 설정민 (사회평론 과학교육연구소 연구원)
서울대학교 생물학과를 졸업하고 같은 대학교 대학원에서 석사 학위를 받은 뒤 박사 과정을 수료하였습니다. 아이에게 과학을 쉽고 재미있게 얘기해 주려 노력하다 보니 어린이를 위한 책을 만드는 일에도 관심을 가지게 되었습니다. 현재 사회평론 과학교육연구소 연구원으로 과학책을 만들고 있습니다.

그림 조현상 (매드푸딩스튜디오)
미국 필라델피아에서 U-Arts를 졸업했습니다. 한국과 미국에서 동화, 일러스트레이션, 만화 등 다양한 작업을 하고 있습니다.
mad-pudding.com | instagram.com/madpuddingstudio

그림 김지희
만화가이자 일러스트레이터로 활동하고 있습니다. 그린 책으로 《드래곤빌리지 학습도감 13 : 해적앵무》, 《난생 처음 한번 공부하는 미술 이야기 5》, 《난생 처음 한번 공부하는 미술 이야기 6》 등이 있습니다.

그림 전성연
대학교에서 그래픽디자인을 전공했고, 현재 직장을 다니며 일러스트 작업을 하고 있습니다.

감수 맹승호
서울대학교 지구과학교육과를 졸업하고 한국교원대학교 과학교육과 대학원에서 석사, 서울대학교 과학교육과 대학원에서 박사 학위를 받았습니다. 현재 서울교육대학교 과학교육과 교수로 재직 중입니다. 대화를 이용한 과학 학습에 많은 관심을 가지고 있습니다. 함께 지은 책으로 《일곱 빛깔 지구과학》, 《주말 지질 여행》 등이 있습니다.

캐릭터 이우일
홍익대학교에서 시각디자인을 공부한 만화가입니다. 그림책 작가인 아내 선현경, 딸 은서, 고양이 카프카와 함께 그림을 그리고 글을 쓰며 살고 있습니다. 지은 책으로 《우일우화》, 《옥수수빵파랑》, 《좋은 여행》, 《고양이 카프카의 고백》 등이 있고, 그린 책으로 《노빈손》 시리즈, 《용선생의 시끌벅적 한국사》 시리즈, 《교양으로 읽는 용선생 세계사》 시리즈 등이 있습니다.

용선생의 시끌벅적 과학교실

암석

글 사회평론 과학교육연구소 | 그림 조현상·김지희·전성연 | 감수 맹승호 | 캐릭터 이우일

돌하르방에 숭숭 구멍이 뚫린 까닭은?

사회평론

프롤로그

여러분, 안녕? 과학반을 맡은 용선생이야. 내 명성은 익히 들어 봤겠지? 역사반과 세계사반을 모두 훌륭하게 성공시키며 방과 후 교실 최고의 인기 교사가 된 그 용선생이란다. 교장 선생님께서 특별히 부탁하셔서 이번에는 과학반을 맡게 되었어. 어찌나 사정을 하시던지 도무지 거절할 수가 없었지 뭐야. 그래서 이 몸이 깜짝 놀랄 수업을 준비했단다.

우리의 수업은 언제나 질문과 함께 출발해. 세상을 둘러보다가 누군가 "저건 왜 그래요?" 하고 질문하면 바로 그 순간 수업이 시작되는 거지. 이제부터 용선생의 시끌벅적 과학교실을 제대로 즐기는 방법을 하나씩 알려 줄게.

첫째, 과학반 친구들과 함께 호기심을 갖고 질문해 봐. 과학을 어렵게만 생각하지 말고, 매 교시마다 아이들이 어떤 호기심을 가지는지 관심을 가져 봐. 과학반 친구들과 함께 '왜 그럴까?', '어떻게 알아낼 수 있을까?' 고민하다 보면 어렵던 과학도 쉽게 느껴질 거야.

둘째, 어려운 내용은 사진과 그림으로 이해해 봐. 어려운 과학 개념과 원리를 한 장의 사진이나 그림을 통해 단숨에 이해할 수도 있어. 그래서 너희를 위해 사진과 그림을 많이 준비했단다. 글을 읽다가 어렵다 싶으면 옆에 있는 사진과 그림을 봐. 잘 이해되지 않던 내용이 틀림없이 술술 이해될 거야.

셋째, 배운 내용을 되새기며 머릿속에 정리해 봐. 왁자지껄한 수업을 마치고 나면 뭘 배웠는지 정리가 안 될 때도 있을 거야. 그럴 때를 대비해 중간중간 핵심 정리를 준비했어. 또 배운 내용을 4컷 만화로 재미있게 요약해 두었지. 게다가 교시가 끝날 때마다 나선애의 정리노트도 마련했단다. 이 정도면 학습 정리는 문제없겠지?

과학은 분야도 다양하고 배울 내용도 아주 많아. 쉽게 이해할 수 있는 부분도 있지만, 여러 번 곰곰이 생각해 봐야 알 수 있는 부분도 있지. 이 책을 여러 번 다시 읽다 보면 구석구석 빠짐없이 모두 이해될 거야.

자, 이제 용선생의 시끌벅적 과학교실을 제대로 즐길 준비가 됐겠지? 그럼 신나는 수업을 시작해 볼까?

차례 | 암석

1교시 | 지구 내부 구조

땅속 탐험을 떠나 볼까?

땅속에는 무엇이 있을까? … 13
조금 더 깊이 들어가 보자! … 16
땅속을 들여다보는 방법은? … 19

나선애의 정리노트 … 24
과학퀴즈 달인을 찾아라! … 25

교과연계
초 3-1 지구의 모습 | 중 1 지권의 변화

2교시 | 지표의 변화

사막의 모래는 어디서 왔을까?

흙이란 무엇일까? … 29
흙은 이렇게 만들어져! … 31
이런 풍화 작용도 있어! … 36

나선애의 정리노트 … 40
과학퀴즈 달인을 찾아라! … 41
용선생의 과학 카페 … 42
 - 흙이 줄어들고 있다고?

교과연계
초 3-2 지표의 변화 | 중 1 지권의 변화

3교시 | 광물

진짜 다이아몬드를 찾으려면?

바윗덩어리를 자세히 들여다보면? … 47
광물을 구별해 보자! … 50
광물은 어디에 쓰일까? … 54

나선애의 정리노트 … 58
과학퀴즈 달인을 찾아라! … 59
용선생의 과학 카페 … 60
 - 희귀하지만 쓸모 있는 광물을 찾아서

교과연계
초 3-2 지표의 변화 | 중 1 지권의 변화

4교시 | 퇴적암

산에서 캐는 소금의 정체는?

이런 암석 저런 암석 ··· 65
흙이 쌓이고 쌓이면? ··· 67
우리가 바로 퇴적암이야! ··· 72

나선애의 정리노트 ··· 76
과학퀴즈 달인을 찾아라! ··· 77
용선생의 과학 카페 ··· 78
　- 화석이 발견되는 암석은?

교과연계
초 **4-1** 지층과 화석 | 중 **1** 지권의 변화

6교시 | 변성암

대리암은 어떻게 만들어졌을까?

암석의 성질이 변하면? ··· 101
변성암을 소개합니다 ··· 104
암석은 늘 그대로일까? ··· 108

나선애의 정리노트 ··· 112
과학퀴즈 달인을 찾아라! ··· 113

교과연계
초 **3-2** 지표의 변화 | 초 **4-2** 화산과 지진 |
중 **1** 지권의 변화

5교시 | 화성암

돌하르방에 쓰인 돌의 정체는?

화산에서 만들어진 돌은? ··· 83
화성암 모두 모여라! ··· 86
화성암이 쓰이는 곳은? ··· 90

나선애의 정리노트 ··· 94
과학퀴즈 달인을 찾아라! ··· 95
용선생의 과학 카페 ··· 96
　- 이런 곳에도 현무암이?

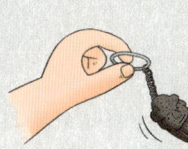

교과연계
초 **4-2** 화산과 지진 | 중 **1** 지권의 변화

가로세로 퀴즈 ··· 114
교과서 속으로 ··· 116

찾아보기 ··· 118
퀴즈 정답 ··· 119

등장인물

용쓴다 용써!
용선생

- 체력 ★★★
- 지력 ★★★★★
- 감성 ★★★
- 호기심 ★★★★★
- 유머 ★★

열정이 가득한 과학 선생님. 하늘을 향해 거침없이 솟은 머리카락과 삐죽삐죽한 수염이 매력 포인트. 생생한 과학 수업을 하기 위해 물불을 가리지 않는다.

장하다 장해!
장하다

- 체력 ★★★★★
- 지력 ★
- 감성 ★★★★
- 호기심 ★★★★★
- 유머 ★★★★★

'튼튼하게만 자라 다오.'라는 아버지의 소원대로 튼튼하게 자랐다. 성격은 일등, 성적은 비밀이다. 시험을 못 봐도 씩씩하고 엉뚱한 질문으로 수업에 활력을 준다.

오늘도 나선다!
나선애

- 체력 ★★★★
- 지력 ★★★★
- 감성 ★★★
- 호기심 ★★★★★
- 유머 ★★★

과학자를 꿈꾸는 우등생. 공부도 잘하고 아는 게 많아서 모든 일에 앞장서는 타입이다. 겉으로는 차가워 보이지만 내심 따뜻한 면도 가지고 있다. 전혀 티가 안 나서 그렇지.

잘난 척 대장
왕수재

- 체력 ★★★
- 지력 ★★★★
- 감성 ★
- 호기심 ★★★★
- 유머 ★

세상에서 자기가 제일 잘난 줄 안다. '천재는 외로운 법이고 질투의 대상인 법'이라나. 친구들에게 깐족거리는 데에도 천재적이다. 그래도 수업에는 늘 적극적으로 참여한다.

낭만 가득
허영심

- 체력 ★★★★
- 지력 ★★★
- 감성 ★★★★★
- 호기심 ★★★★
- 유머 ★★

감성이 풍부해도 너무 풍부하다. 떨어지는 낙엽이나 밤하늘의 별을 보며 눈물짓고, 조그만 벌레와 대화를 나누는 사차원 성격. 하지만 누구보다 정이 많고 낭만적이다.

과학반 귀염둥이
곽두기

- 체력 ★★★
- 지력 ★★★★
- 감성 ★★★★
- 호기심 ★★★★★
- 유머 ★★★★

형과 누나들의 귀여움을 독차지하는 과학반 막내. 나이도 가장 어리고 타고난 동안이라 언뜻 보면 유치원생 같다. 훈장 할아버지 덕에 어려운 단어를 줄줄 꿰고 있다.

우리를 찾아봐!

 지각
지표를 포함한 지구의 가장 바깥층이야.

 맨틀
지각과 외핵 사이의 층으로, 매우 천천히 움직이고 있어.

광물
암석을 이루는 기본 알갱이야.

퇴적암
퇴적물이 단단하게 굳어 만들어진 암석이야.

화성암
마그마의 활동으로 만들어진 암석이야.

변성암
원래 있던 암석이 변성 작용을 받아 만들어진 암석이야.

1교시 | 지구 내부 구조

땅속 탐험을 떠나 볼까?

멋진 동굴이야.

아주 깊어 보이는데.

"얘들아, 빨리 와 봐."

아이들이 과학실에 들어서자 허영심이 큰 소리로 불렀다.

"왜? 무슨 일 있어?"

"내가 정말 재미있는 영화를 봤거든."

"무슨 내용인데?"

"지구 어딘가에 지구 중심까지 뚫린 동굴이 있대. 입구를 찾아 들어가면 그 속에는 공룡이랑 신기한 식물이 잔뜩 살고 있고."

허영심의 말에 왕수재가 팔짱을 끼며 말했다.

"어휴, 영화니까 가능한 얘기지."

"그런가? 공룡은 없어도, 지구 중심까지 뚫린 동굴은 있을 수도 있잖아."

"글쎄…… 선생님 오시면 여쭤보자."

땅속에는 무엇이 있을까?

"참 재미있는 이야기구나."

아이들의 말을 들은 용선생이 말했다.

"옛날 사람들은 땅속에 대해 아는 게 별로 없었단다. 그래서 땅속에 대해 다양한 상상을 했지."

"그러면 지금은 땅속이 어떤지 다 알아냈나요?"

"그렇다고 할 수 있지."

"정말요? 혹시 지구 중심까지 뚫린 동굴이 있어요?"

"하하, 그건 땅속이 어떻게 생겼는지 알아보면 쉽게 알 수 있겠지?"

"네! 그럼 땅속이 어떻게 생겼는지 빨리 알아봐요."

용선생은 싱긋 미소를 짓고는 그림을 한 장 띄웠다.

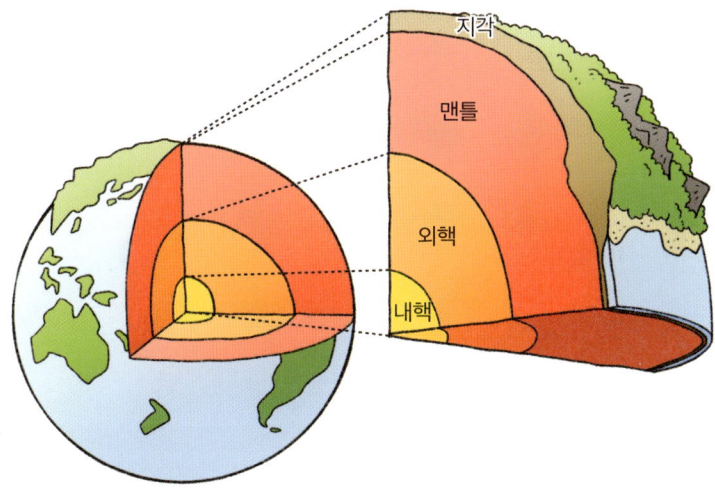

▲ 지구 내부 구조

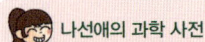

나선애의 과학 사전

지표 땅 지(地) 겉 표(表). 지구의 겉면을 말해.

"우아, 지구 속이 저렇게 생겼어요?"

"응, 지구 내부는 총 4층으로 이루어져 있어. 먼저 우리가 밟고 있는 지표를 포함한 지구의 가장 바깥층을 지각이라고 해. 지각 아래에는 맨틀이라는 층이 있고, 맨틀 아래에는 외핵과 내핵이 있지."

"지각, 맨틀, 외핵, 내핵. 이렇게 4층이군요."

"맞아. 지구 표면부터 시작해 지구 중심으로 들어가면서 지구 내부 구조에 대해 자세히 알아보자."

아이들은 "좋아요!" 하면서 자세를 고쳐 앉았다.

"제일 먼저 지각이야. 지구 표면을 겉에서 보면 육지와 바다로 이루어져 있어. 바다가 육지보다 더 넓지."

"맞아요. 지구본을 보면 바다가 더 넓더라고요."

장하다가 고개를 끄덕이며 말했다.

"지구 표면의 넓이를 10이라고 하면, 육지가 3 정도이고, 바다가 7 정도야. 지각은 단단한 바위나 흙으로 이루어져 있는데, 육지에 있는지 바다 밑에 있는지에 따라 두 종류로 나뉘어."

"오호, 바다 밑에도 지각이 있군요."

"그래. 바다 밑에 있는 지각을 해양 지각, 육지의 지각을 대륙 지각이라고 해. 그림을 보면서 알아보자."

▲ 지구본

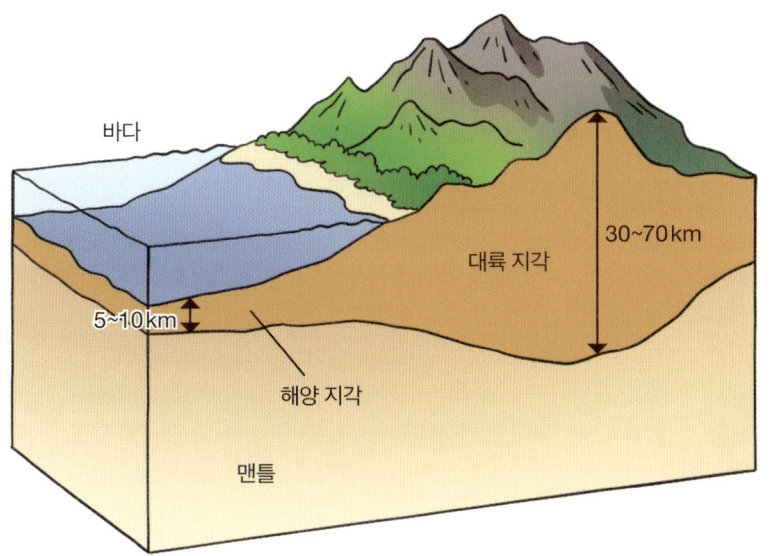

▲ 해양 지각과 대륙 지각

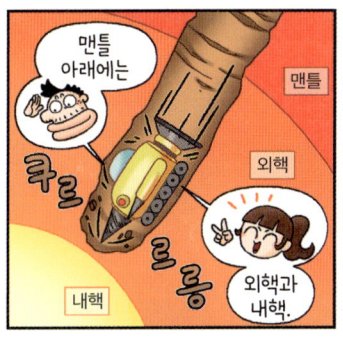

용선생이 그림을 띄우자 나선애가 말했다.

"어! 해양 지각이 대륙 지각보다 얇아 보여요."

"잘 봤어. 대륙 지각의 두께는 30~70km(킬로미터) 정도야. 이에 비해 해양 지각은 두께가 5~10km 정도니까, 해양 지각이 대륙 지각보다 얇지."

"그건 처음 알았네요."

허영심이 눈을 동그랗게 뜨고 말했다.

"재미있는 사실을 한 가지 더 알려줄게. 지구 중심에서 지표까지의 거리는 약 6,400km야. 이것과 비교하면 대륙 지각도 엄청 얇은 편이지. 지구를 사과 크기로 줄이면 지각은 사과 껍질 두께도 되지 않아."

"어휴, 지구 전체 크기에 비하면 지각은 정말 얇군요."

장하다가 팔짱을 끼며 말했다.

"그렇단다."

핵심정리

지구는 지각, 맨틀, 외핵, 내핵으로 이루어져 있어. 가장 바깥쪽에 있는 지각은 단단한 바위나 흙으로 이루어져 있고, 지구 전체 크기에 비하면 아주 얇아.

 **조금 더 깊이 들어가 보자!**

"선생님, 저는 아까부터 맨틀이랑 외핵, 내핵이 너무 궁금했어요. 빨리 알아봐요."

곽두기가 보채듯 말했다.

"하하, 좋았어. 지각 아래에는 맨틀이 있어. 보통 땅속 약 2,900km까지를 맨틀로 보고 있지. 맨틀을 이루는 물질은 지각을 이루는 물질과 비슷하지만 조금 더 무겁단다. 또 맨틀은 지구 내부 구조 중

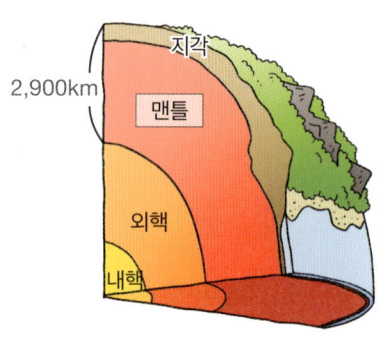
▲ 지구 내부 구조

에서 부피가 가장 커. 지구 전체 부피를 100이라고 한다면 맨틀이 약 80을 차지해."

"우아, 엄청 크네요."

"그런데 맨틀은 아주 신기한 성질이 있어."

"뭔데요?"

아이들의 눈이 반짝였다.

"맨틀은 고체이지만 조금씩 움직이고 있지."

"고체인데…… 움직인다고요? 잘 이해가 안 돼요. 좀 더 자세히 설명해 주세요."

"맨틀은 마치 끓는 물이 움직이는 모양과 비슷하게 움직이고 있어. 물을 끓이면 아래쪽의 뜨거운 물은 위로, 위쪽의 차가운 물은 아래로 움직여. 맨틀도 이와 비슷한 모양으로 움직인단다. 하지만 1년에 1cm(센티미터) 정도로 아주 천천히 움직여."

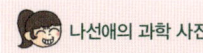

나선애의 과학 사전

부피 물체가 차지하는 공간의 크기를 말해.

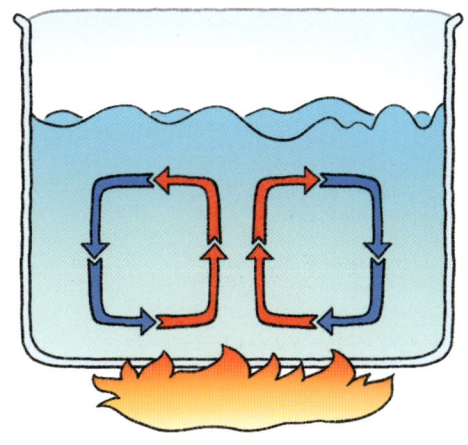

▲ 끓는 물의 움직임

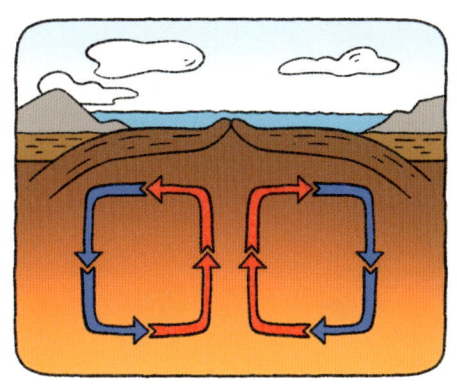

▲ 맨틀의 움직임

"오호, 맨틀이 이런 식으로 움직이고 있군요."

아이들이 고개를 끄덕이자 용선생이 계속 설명했다.

"이제 더 아래로 내려가 보자. 맨틀 밑에는 핵이 있고, 핵은 액체인 외핵과 고체인 내핵으로 나뉘어. 외핵과 내핵의 경계는 지표에서 깊이가 약 5,100km인 곳에 있단다. 핵을 이루는 물질은 맨틀을 이루는 물질과 종류도 다르고 더 무거워."

"지각에서 아래로 내려갈수록 더 무거운 물질로 이루어져 있나 봐요."

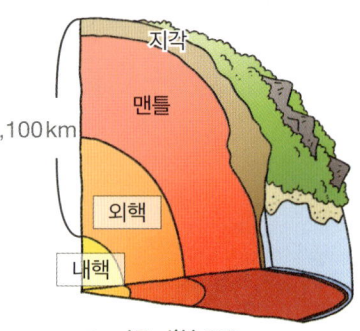

▲ 지구 내부 구조

나선애의 말에 용선생이 고개를 크게 끄덕였다.

"딩동댕! 아주 잘 이해했어. 외핵과 내핵은 지구 중심에 가까워서, 위에서 누르는 힘을 강하게 받고 온도도 아주 높아."

 핵심정리

지각 아래에 있는 맨틀은 지각보다 무거운 물질로 이루어져 있고, 지구 내부 구조 중에서 부피가 가장 큰 층이야. 핵은 액체인 외핵과 고체인 내핵으로 나뉘어.

땅속을 들여다보는 방법은?

그때 허영심이 조심스럽게 손을 들고 물었다.

"근데요, 외핵이 액체인지는 어떻게 알아냈어요?"

"아주 좋은 질문이야."

용선생은 마치 기다렸다는 듯이 손뼉을 짝 쳤다.

"오래전부터 과학자들은 땅속이 어떤 물질로 이루어져 있는지 알아내기 위해 노력해 왔어. 그중 한 방법이 지각을 직접 뚫어 보는 거였지."

"그게 제일 확실하죠."

왕수재가 안경을 쓱 올리며 말했다.

"그런데 말이야, 러시아에서 지각을 뚫었는데 20년 동안 약 13km를 뚫는 데 그쳤어."

"왜요? 더 뚫으면 좋을 거 같은데……."

"땅속은 깊이 들어갈수록 점점 단단해지고 온도도 아주 높아져. 또 애써 흙을 파 놓은 곳에 새로운 흙이 흘러들어와 다시 메꿔지기도 하지. 이처럼 땅을 파는 일은 생각보다 너무 어려워서 결국 그만둘 수밖에 없었어."

"흠, 아쉽네요. 혹시 다른 방법은 없나요?"

"마그마를 이용하는 방법이 있어. 마그마는 지각의 아랫

▲ **러시아 콜라 시추공** 1970년부터 지각을 뚫기 시작하여 1989년에 깊이 12,262m(미터)에 도달했어. 이후에 바닷속 지각에서도 비슷한 탐사가 진행되었지만, 육지의 표면을 기준으로 할 때 땅속으로 가장 깊이 들어간 기록은 러시아 콜라 시추공이 가지고 있어.

> **나선애의 과학 사전**
>
> **지형** 땅 지(地) 모양 형(形). 지구 표면의 모양을 말해. 우리가 야외에서 볼 수 있는 산, 들, 골짜기, 강, 호수, 바다 같은 것이 모두 지형이야.

부분 또는 맨틀의 윗부분을 이루는 바윗덩어리가 녹은 거야. 이렇게 생겨난 마그마가 위로 올라와 땅속에 고여 있다가, 지각의 약한 틈을 뚫고 밖으로 나와 생긴 지형이 화산이지. 땅속에서 마그마가 올라오면서 땅속 물질이 함께 나오니까, 이걸 이용해 땅속 물질을 연구할 수 있어."

"오호, 좋은 방법이네요."

아이들의 표정이 살짝 밝아졌다.

"그런데 마그마를 이용하는 방법도 한계가 있어. 마그마가 지각의 아랫부분이나 맨틀의 윗부분에서 만들어지기 때문에 그보다 더 깊은 곳에 있는 물질은 조사할 수 없지. 게다가 마그마가 나오지 않는 지역은 아예 연구를 할 수 없어."

"으으…… 그럼 어떡해요?"

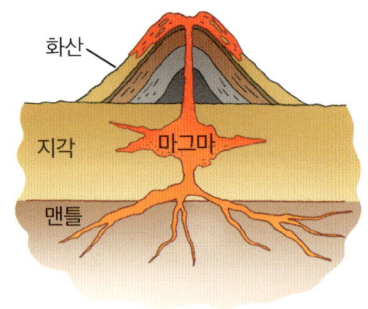

▲ **마그마와 화산** 마그마가 지각의 약한 틈을 뚫고 밖으로 나와 화산이 생겨.

"걱정 마! 과학자들이 아주 좋은 방법을 찾았거든. 바로 지진파를 이용하는 방법이야."

"지진파요? 지진이랑 관련 있는 건가요?"

"맞아. 지진이 일어나면 땅이 흔들리지? 지진은 보통 지각 속에서

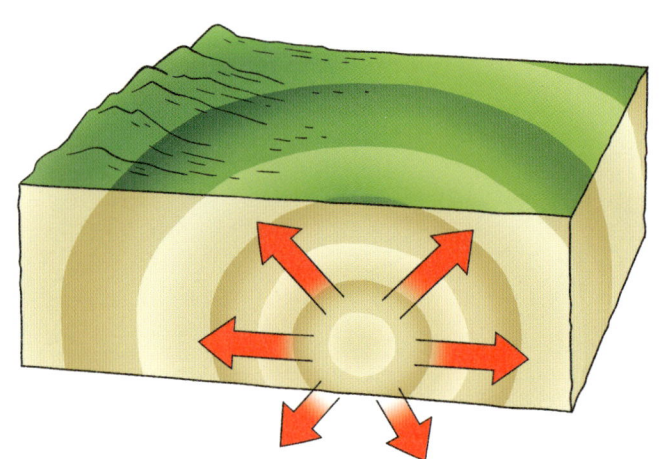

▲ **지진파** 땅속에서 땅이 쪼개지거나 지하 동굴이 무너지는 등, 갑작스러운 변화가 생기면 땅이 흔들리는 지진이 일어나. 이 흔들림은 지구 내부를 이루는 물질을 통해 사방으로 전달돼.

시작돼. 여기에서 강한 흔들림이 생기지. 이 흔들림은 지구 전 지역으로 퍼져 나가. 마치 잔잔한 호수에 돌을 던졌을 때 생겨난 물결이 동그랗게 사방으로 퍼져 나가는 것처럼 말이야. 이걸 지진파라고 해."

"그렇군요. 근데 지진파로 땅속이 어떤 모습인지 어떻게 알아내요?"

곽두기가 고개를 갸웃하며 물었다.

"바로 지진파의 성질을 이용하는 거야. 지진파는 통과하는 물질이 달라지면 빠르기가 달라지고, 나아가는 방향이 꺾이기도 해. 또 물질이 달라지는 부분에 부딪히면 반대 방향으로 되돌아 나오기도 하지."

"오호, 지진파에 그런 성질이 있군요. 근데 그게 땅속 모습을 아는 거랑 무슨 상관이 있어요?"

"모호로비치치라는 과학자는 지진파가 지하 수십 km 부근을 거치면서 갑자기 빨리 전달되는 걸 발견했어. 모호로비치치는 지각 아래에 지진파를 빠르게 전달하는 물질로 이루어진 또 다른 층이 있다고 생각했지. 이렇게 밝혀낸 층이 바로 맨틀이야."

"아하, 그렇게 맨틀을 알아냈군요. 그러면 외핵이 액체인 것도 지진파로 알아냈어요?"

▲ 안드리야 모호로비치치 (1857년 ~ 1936년) 크로아티아의 과학자야. 지진파로 지각과 맨틀의 경계면을 최초로 찾아냈어. 이 경계면을 모호로비치치 불연속면, 간단히 모호면이라고 해.

> **용선생의 과학 현미경**
>
> P파는 첫 번째(Primary)로 전달되는 지진파라는 뜻이고, S파는 두 번째(Secondary)로 전달되는 지진파라는 뜻이야.

"맞아. 지진파는 크게 두 종류가 있어. P(피)파와 S(에스)파라고 하지. 지진이 일어나면 P파와 S파가 동시에 생겨나 땅속에서 퍼져 나가. 이 중 S파는 액체를 통과하지 못해. 그런데 지진파가 맨틀보다 아래를 거쳐 오는 지역은 S파가 도달하지 못한다는 것을 알게 되었어. 그 말은 ……."

"혹시 맨틀 아래에 액체로 이루어진 층이 있다는 뜻인가요?"

"맞았어. 이 층이 외핵이야."

"그렇게 밝혀진 거군요. 그럼 내핵이 고체라는 건 어떻게

알아냈어요?"

장하다가 모자를 고쳐 쓰며 물었다.

"지구 내부 구조 중 내핵은 가장 최근인 1930년대에 밝혀졌어. 지하 약 5,100km 깊이에서 P파가 무언가에 부딪혀서 약하게 되돌아 나오는 걸 발견했거든. 따라서 그 아래에는 액체인 외핵과는 다르게 고체로 된 층, 즉 내핵이 있다는 걸 알게 되었지."

"우아, 직접 들여다보지 않아도 지구 내부가 어떻게 이루어져 있는지 척척 알아낼 수 있다니…… 과학의 힘은 정말 대단하네요."

그러자 허영심이 한숨을 푹 쉬며 말했다.

"지구 중심까지 뚫린 동굴은 그냥 영화에서나 나오는 이야기군요."

"하하, 그래도 재미있는 상상 덕에 과학적인 사실을 하나 더 알았잖니! 앞으로 우리가 밟고 있는 지각에 대해 자세히 알아보면서 과학의 재미를 더 느껴 보자고!"

"네! 너무 기대돼요."

핵심정리

지구 내부 구조를 알아내기 위해 지진파를 이용해. 지진파는 지구 내부를 이루는 물질에 따라 빠르기가 달라지거나 방향이 꺾이고, 액체를 통과하지 못하는 것도 있어.

나선애의 정리노트

1. 지구 내부 구조

① **지각: 지표를 포함한 지구의 가장 바깥층**
- 단단한 바위나 흙으로 이루어짐.
- ⓐ [　　] 지각이 해양 지각보다 두꺼움.
- 지구 전체 크기에 비하면 아주 얇음.

② **맨틀: 지각 아래층으로 지각보다 무거운 물질로 이루어짐.**
- 지구 내부 구조 중 ⓑ [　　] 가 가장 큼.

③ **외핵: 맨틀 아래층으로 맨틀보다 무거운 물질로 이루어짐.**
- ⓒ [　　] 상태임.

④ **내핵: 외핵 아래층으로 맨틀보다 무거운 물질로 이루어짐.**
- ⓓ [　　] 상태임.

2. 땅속을 들여다보는 방법

① 직접 파 보는 방법
- 땅을 팔 수 있는 깊이에 한계가 있음.

② 마그마를 이용하는 방법
- 마그마가 생기는 부분보다 더 깊은 곳의 정보는 얻을 수 없음.
- 마그마가 나오지 않는 지역은 연구할 수 없음.

③ ⓔ [　　] **를 이용하는 방법**
- 지진파의 성질을 이용함.
- 오늘날 지구 내부 구조를 파악한 방법

ⓐ 대륙 ⓑ 맨틀 ⓒ 액체 ⓓ 고체 ⓔ 지진파

 # 과학퀴즈 달인을 찾아라!

●정답은 119쪽에

01

친구들이 이번 시간에 배운 내용에 대해 이야기하고 있어. 옳으면 O, 옳지 않으면 X를 표시해 줘.

① 맨틀은 고체라 전혀 움직이지 않아. (   )
② 맨틀은 외핵보다 무거운 물질로 이루어져 있어. (   )
③ 지진파 중 P파는 액체와 고체를 모두 통과할 수 있어. (   )

02

네모 칸에 있는 글자를 가로, 세로, 대각선으로 연결해서 지구 내부 구조의 이름을 모두 찾아봐.

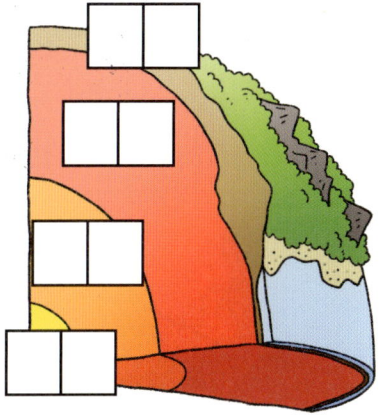

내	구	맨	틀	표
외	내	핵	학	면
슈	획	불	지	구
퍼	마	외	학	각
맨	틀	핵	암	용

2교시 | 지표의 변화

사막의 모래는 어디서 왔을까?

으으. 정말 덥고, 목도 말라.

거기다가 사방이 온통 모래야.

"갑자기 웬 등산이람!"

허영심이 투덜거렸다.

"과학반의 단합을 위해서라잖아."

"난 등산하는 건 좋아. 그런데 신발에 자꾸 흙이 들어가서 귀찮아."

곽두기의 말에 나선애가 뭔가 떠오른 듯한 표정으로 말했다.

"근데 산길에 있는 이 흙들은 어떻게 생겨난 걸까?"

"그야 바위가 깨져서 생긴 거 아냐? 노래도 있잖아. 바윗돌 깨뜨려 돌덩이, 돌덩이 깨뜨려 돌멩이, 돌멩이 깨뜨려 자갈돌, 자갈돌 깨뜨려 모래알."

"어휴, 그러니까 바위든 자갈이든 누가 깼냐고!"

아이들의 대화를 듣던 용선생이 말했다.

"하하, 그건 내일 과학실에서 함께 알아보면 좋겠구나."

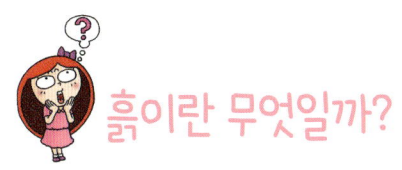
흙이란 무엇일까?

"어제 등산하면서 궁금했던 점을 해결해 볼까?"

용선생이 과학실로 들어서면서 큰 소리로 말했다. 아이들도 "좋아요!" 하며 크게 외쳤다.

"먼저 흙이 무엇으로 이루어져 있는지부터 간단히 확인해 보자."

용선생은 과학실 한쪽에서 비커를 하나 가져왔다.

"어제 산에서 가져온 흙에 물을 부어서 놓아두었어."

"아래에 가라앉은 것도 있고, 위에 떠 있는 것도 있어요. 이게 다 뭐죠?"

▲ 물을 부어서 놓아둔 흙

"아래에 있는 건 주로 바위가 작게 부서져 생긴 알갱이야. 바위가 부서지면 자갈이 되고, 자갈이 더 부서지면 모래가 돼. 또 모래는 더 작은 알갱이로 부서지지."

"그러면 위에 떠 있는 건 뭐예요?"

"위에 떠 있는 건 주로 죽은 생물이 썩어 생긴 물질이야. 그러니까 흙은 바위가 작게 부서져 생긴 알갱이와 생물이

썩어 생긴 물질이 함께 섞여 있는 거야."

"오호, 그렇군요."

"흙은 우리 주위에 아주 많아. 어제 산에서도 많이 봤지? 또 어디에서 흙을 볼 수 있을까?"

"음…… 운동장에도 흙이 있고요, 화단에도 있어요."

"논이나 밭에도요."

아이들이 앞다투어 이야기하는데, 나선애가 고개를 갸우뚱하며 물었다.

"그런데 장소에 따라 흙이 조금씩 다른 거 같아요. 색이나 만졌을 때 느낌 같은 게요."

"맞아. 운동장 흙에는 주로 모래가 많고, 논에는 진흙이 많지. 흙이 되기 전 바위가 어떤 물질로 이루어져 있었는지, 또 바위가 얼마나 작게 부서졌는지에 따라 흙을 이루는 알갱이의 성질과 크기는 조금씩 다르단다."

"어쨌든 모래나 진흙 같은 것도 모두 흙이라는 거죠?"

"그래, 맞아."

▲ 운동장의 모래

▲ 논의 진흙

> **핵심정리**
>
> 흙은 바위가 작게 부서져 생긴 알갱이와 죽은 생물이 썩어 생긴 물질이 함께 섞여 있는 거야.

흙은 이렇게 만들어져!

용선생은 물을 한 모금 마시고 말했다.

"이처럼 오랜 시간에 걸쳐 바위가 작게 부서지는 과정을 풍화라고 한단다."

"풍화요? 처음 들어보는 말이에요. 좀 더 자세히 알려 주세요."

나선애가 필기 준비를 하며 말했다.

"하하, 그 전에 먼저 알아야 할 게 있어. 모든 바위에는 약한 부분이 있어. 바위에 충격을 주면 이 약한 부분이 갈라지거나 떨어져 나가기 쉽지."

"그야 그렇겠죠."

"또 단단한 바위도 밖에서 누르는 압력이나 온도에 따라 부피가 커지거나 작아질 수 있단다."

"정말요? 바위는 단단해 보여서 언제나 변하지 않고 그대로인 줄 알았는데, 그렇지 않군요."

"응. 보통 온도가 높아지면 부피가 커지고 온도가 낮아지면 부피가 작아져. 또 압력이 높아지면 부피가 작아지고 압력이 낮아지면 부피가 커지지."

용선생은 잠시 쉬었다가 말을 이었다.

 용선생의 과학 현미경

풍화에 '바람 풍(風)' 자를 쓰긴 하지만 실제로 바람 때문에 일어나는 풍화는 아주 조금이야. 여기서 사용된 '풍' 자는 비나 추위 같이 공기 중에서 일어나는 날씨 현상을 모두 뜻해.

 나선애의 과학 사전

압력 누를 압(壓) 힘 력(力). 누르는 힘이라는 뜻이야.

"풍화를 일으키는 모든 작용을 '풍화 작용'이라고 해. 풍화 작용에는 어떤 게 있는지 하나씩 살펴보자."

용선생은 사진을 한 장 띄웠다.

▲ **갈라진 바위** 매우 추운 북유럽 아이슬란드에 있는 바위야.

"바위가 갈라져 있어요!"

"그렇지? 이건 물이 얼면서 바위를 쪼갠 거야."

"물이 바위를 쪼갰다고요?"

"응. 물은 얼면 부피가 커지는 성질이 있어. 그래서 생수병에 든 물을 얼리면 생수병이 빵빵해지고, 심한 경우 생수병이 터지기도 하지."

▲ 물이 얼면 **부피가 커져.**

"아, 그런 적 있어요. 근데 물이 얼면서 부피가 커지는 거랑 바위가 쪼개지는 게 무슨 상관이에요?"

"물은 바위에 난 아주 작은 틈으로도 흘러 들어갈 수 있

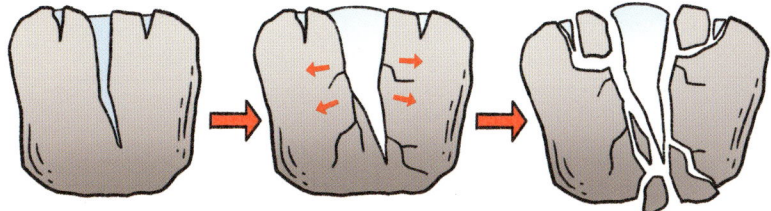

▲ 물이 얼음으로 변하면서 바위가 쪼개지는 과정

어. 그러다가 날씨가 추워지면 바위틈에 들어 있던 물이 얼면서 부피가 커지고 바위를 양쪽으로 밀어내. 이런 일이 반복되면 바위가 쪼개지며 작게 부서지지."

"와! 물의 힘이 대단하네요."

"하하, 또 다른 풍화 작용을 소개할게. 이 사진을 함께 볼까? 바위 겉 부분이 얇게 떨어져 나갔지?"

▲ 겉 부분이 떨어져 나간 바위

"그러네요. 바위에 무슨 일이 일어난 거죠?"

"땅속 깊숙이 있는 바위는 위에 있는 흙과 바위가 누르는 압력을 받아. 그런데 위에 있는 흙과 바위가 없어져 땅

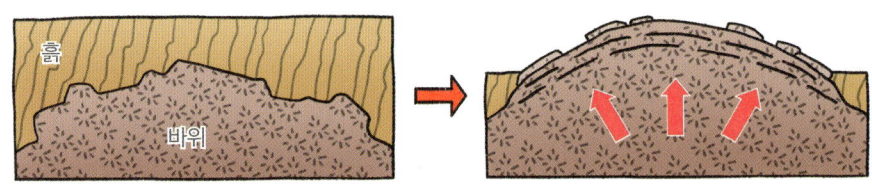

▲ 위에서 누르는 힘이 줄어들면서 바위의 겉 부분이 떨어져 나가는 과정

속에 있던 바위가 밖으로 드러나면 위에서 누르는 압력이 사라지겠지? 그러면 눌려 있던 바위의 부피가 커지면서 겉 부분이 양파 껍질처럼 떨어져 나가 작게 부서지지."

"바위가 땅속에서 밖으로 드러나는 것만으로 이런 일이 일어난다고요? 정말 신기해요!"

"다른 경우를 하나 더 보여 줄게."

용선생이 사진을 띄우자 허영심이 곧바로 말했다.

"바위틈에서 나무가 자라는 건가요?"

"정확히는 나무뿌리가 자라면서 바위를 쪼갠 거야. 나무를 비롯한 여러 식물이 우연히 바위의 좁은 틈으로 뿌리를 뻗으면, 식물이 자라면서 뿌리가 점점 굵어져 결국 바위를 쪼갤 수 있단다."

▲ 식물 뿌리에 의해 쪼개진 바위

"식물 뿌리가 바위랑 싸워 이겼네요. 정말 대단해요."

"하하! 마지막으로 사막에서 기온이 크게 변하면서 일어나는 풍화 작용을 알아보자."

"기온이 변해도 풍화 작용이 일어나요?"

"그럼. 사막은 하루에도 기온이 수십 도씩 변해. 낮은 무

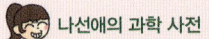

나선애의 과학 사전

기온 공기 기(氣) 온도 온(溫). 공기의 온도라는 뜻이야.

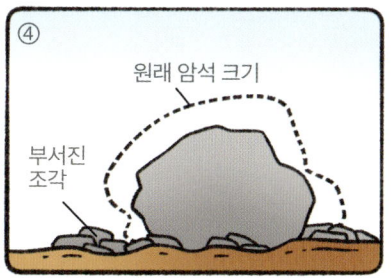

▲ 사막의 흙이 생기는 과정

척 덥고, 밤은 몹시 춥지. 사막에 있는 바위는 낮에는 달구어지며 부피가 커지고, 밤에는 식으며 부피가 작아져. 이런 일이 반복되면 바위 겉 부분이 작게 부서지고 오랜 시간이 지나면 결국 흙이 된단다."

"와, 사막의 흙도 풍화 작용 때문에 생긴 거였다니!"

"놀랍지? 풍화는 오랜 시간에 걸쳐 아주 천천히 일어나. 보통 수백 년씩 걸리는 일이지. 바위가 여러 풍화 작용들을 겪으면서 조금씩 조금씩 작은 조각으로 변해서 결국 우리가 보는 흙이 된 거야."

 핵심정리

바위가 오랜 시간에 걸쳐 작게 부서지는 과정을 풍화라고 해. 풍화 작용으로는 물이 어는 것, 땅속 바위가 밖으로 드러나는 것, 식물이 뿌리를 뻗는 것, 기온이 수십 도씩 변하는 것 등이 있어.

이런 풍화 작용도 있어!

용선생은 아이들을 주목시키고는 말했다.

"지금까지 알아본 풍화 작용과 달리 오랜 시간에 걸쳐 바위가 녹거나 새로운 물질로 변하는 풍화 작용도 있어."

"네? 바위가 녹거나 새로운 물질로 변한다고요?"

"그렇다니까. 대표적인 예가 바로 석회 동굴이야. 석회 동굴은 석회암이라는 바위가 지하수에 녹아서 생긴 동굴이지. 지하수는 말 그대로 땅속에 있는 물을 말하는데, 주로 비나 눈이 땅속으로 스며든 거야."

그러자 왕수재가 석회 동굴 사진의 아랫부분을 가리키며 말했다.

"동굴 속에 정말로 물이 있어요!"

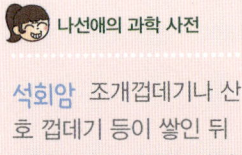

나선애의 과학 사전

석회암 조개껍데기나 산호 껍데기 등이 쌓인 뒤 단단하게 굳어 만들어진 바위야.

▼ 석회 동굴

"그게 바로 지하수야."

"헤헤, 제가 관찰력 하나는 끝내주죠."

왕수재가 어깨를 으쓱했다.

"지하수에는 오랜 시간에 걸쳐 공기에 있는 이산화 탄소가 녹아들어 간단다. 이산화 탄소는 물에 잘 녹는 성질이 있거든. 그리고 석회암의 주성분은 탄산 칼슘이라는 물질인데, 이산화 탄소가 녹은 물은 탄산 칼슘을 녹이는 성질이 있지."

"지하수에는 이산화 탄소가 녹아 있고, 석회암은 탄산 칼슘으로 되어 있으니까…… 아, 그래서 석회암이 지하수에 녹아 석회 동굴이 만들어지는 거군요?"

"맞아! 물론 석회 동굴이 만들어지기까지는 아주 오랜 시간이 걸린다는 걸 잊지 말도록."

"또 다른 예는 어떤 게 있어요?"

"바위에 포함된 철이 산소를 만나면 산화 철이라는 새로운 물질로 변하는데, 이것도 풍화 작용에 속해."

아이들이 고개를 끄덕이자 용선생이 말을 이었다.

"이렇게 바위가 지하수에 녹거나 새로운 물질이 되면, 온도나 압력이 변할 때 풍화 작용이 더 잘 일어나. 그래서 흙으로 변하기가 쉬워진단다."

나선애의 과학 사전

탄산 칼슘 칼슘, 산소, 탄소가 결합해 생긴 물질이야. 지각과 바닷물에 모두 풍부해.

▲ 탄산 칼슘 가루

▲ **산화 철** 바위에서 불그스름한 부분이 산화 철이야.

"그렇군요. 어쨌든 풍화 작용의 종류가 정말 많네요."

곽두기의 말에 왕수재가 맞장구를 치며 말했다.

"그러게요. 결국 바위를 깨뜨리거나 녹인 건 누가 일부러 그런 게 아니라 자연적으로 일어난 현상이군요!"

"맞아. 이렇게 다양한 풍화 작용을 받아 생겨난 흙은 우리 생활에 쓸모가 아주 많아."

"예를 들면요?"

"화단이나 논, 밭에 있는 흙은 식물이 자라는 토양이 된단다. 우리는 그 토양에서 자란 식물의 열매 등을 먹거리로 쓰고 말이지."

"흙이 없으면 우리가 먹을 것도 줄어들겠어요."

"그렇지. 또 집을 지을 때도 흙을 써."

"집을 지을 때는 시멘트나 벽돌을 쓰지 않나요?"

곽두기가 순진한 표정으로 물었다.

"하하, 시멘트는 앞에서 알아본 석회암 가루에 여러 가지 물질을 잘 섞어서 만들어. 그리고 벽돌은 여러 가지 흙을 구워서 만들지."

용선생의 말에 곽두기가 크게 고개를 끄덕였다.

"흙은 화장품이나 그릇을

곽두기의 낱말 사전

토양 흙 토(土) 흙덩이 양(壤). 식물이 자랄 수 있게 하는 흙을 말해. 흙과 같은 뜻으로도 쓰여.

▲ **시멘트 공장** 시멘트는 석회암을 작게 부수고 진흙, 석고 등을 잘 섞은 뒤 여러 가지 처리를 해서 만들어. 그래서 시멘트 공장은 석회암이 많은 지역에 가까이 있어.

만들 때도 쓰여."

"흙은 참 다양한 곳에 쓰이네요."

"응. 이렇게 쓰임새가 많은 흙을 소중히 보존해야겠지?"

"네! 우리에게 꼭 필요한 흙인데, 우리가 잘 아끼고 보존해야죠!"

장하다의 우렁찬 대답에 아이들이 어색하게 웃었다. 그때 곽두기가 손을 살짝 들고 말했다.

"그나저나 노래 가사를 바꿔야 할 것 같아요."

"어떻게?"

"풍화 작용 일어나 돌덩이, 풍화 작용 일어나 돌멩이, 풍화 작용 일어나 자갈돌, 풍화 작용 일어나 모래알."

"하하, 녀석도 참. 수업 마무리로 다 함께 화단에 흙을 관찰하러 나가자."

"야호! 신난다. 어서 가요."

핵심정리

석회 동굴이 생기는 것처럼 오랜 시간에 걸쳐 바위가 녹거나 새로운 물질로 변하는 풍화 작용도 있어. 풍화 작용으로 생겨난 흙은 식물이 자라는 토양이 되고, 집을 짓거나 화장품을 만드는 데 사용되는 등 쓰임새가 많아.

나선애의 정리노트

1. 흙
① 바위가 작게 부서져 생긴 알갱이와 죽은 ⓐ_____이 썩어 생긴 물질이 함께 섞여 있는 것

2. 풍화와 풍화 작용
① 풍화: 바위가 오랜 시간에 걸쳐 작게 부서지는 과정
② 풍화 작용: 풍화를 일으키는 모든 작용
  · 물이 어는 것, 땅속 ⓑ_____가 밖으로 드러나는 것, 식물이 뿌리를 뻗는 것, 기온이 수십 도씩 변하는 것 등
  · 석회암이 이산화 탄소가 포함된 ⓒ_____에 녹는 것, 바위에 포함된 철이 산소와 만나 산화 철이 되는 것 등

3. 흙의 중요성
① ⓓ_____이 자라는 토양
② 집을 짓는 재료
③ 화장품이나 그릇을 만드는 재료 등

ⓐ 생물 ⓑ 바위 ⓒ 지하수 ⓓ 식물

 # 과학퀴즈 달인을 찾아라!

●정답은 119쪽에

01

친구들이 이번 시간에 배운 내용에 대해 이야기하고 있어. 옳으면 O, 옳지 않으면 X를 표시해 줘.

① 운동장에 많은 모래는 흙이 아니야. (   )
② 사막의 흙도 풍화 작용으로 만들어졌어. (   )
③ 시멘트와 벽돌도 흙을 이용해서 만들어. (   )

02

다음 문장 속 괄호에 들어갈 말을 순서대로 이으면 어떤 모양이 나온대. 정답을 찾아서 어떤 모양이 나오는지 확인해 봐.

(   )가 오랜 시간에 걸쳐 작게 부서지는 과정을 (   )라고 해.
풍화 작용으로는 (   )이 어는 것, 땅속 바위가 밖으로 드러나는 것,
식물이 (   )를 뻗는 것, (   )이 수십 도씩 변하는 것 등이 있어.

바위 • • 기온

• 출발 / 도착

물

풍화 • • 뿌리

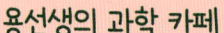 용선생의 과학 카페 | 용선생의 한국사 카페 | 용선생의 세계사 카페

https://cafe.naver.com/yongyong

용선생의 과학 카페

과학계의 핵인싸,
용선생의 과학 카페에
오신 걸 환영합니다.

[Log in]

MENU
- 물리면 아프다
- 화학이 화하하
- 생물 오징어
- 지구는 둥글다

흙이 줄어들고 있다고?

 선생님! 산 중간에 나무가 다 사라졌어요.

 저런, 산사태가 일어났구나. 산사태는 갑작스런 비나 지진 등으로 산의 바위와 흙이 무너지는 현상이야. 그래서 나무가 다 뽑힌 거지.

 정말 어마어마하네요. 무섭기도 하고요.

 사실 산사태와 같이 바위가 깎이거나 흙이 다른 곳으로 쓸려 가는 일은 자연적으로 일어날 수 있단다. 그런데 말이야, 사람들이 산의 나무를 베거나 해변에 해수욕장을 만드는 공사를 하면서 흙이 깎여 나가는 일이 더 심하게 일어나고 있어. 나무를 베어 버린 산에서는 산사태가 일어나기 쉽고, 해수욕장으로 꾸민 해변에서는 모래가 바다로 점점 쓸려 가 버리지. 그 결과 육지에 있는 흙이 점점 줄어든단다.

흙이 점점 줄다니 큰일이네요. 어떡해요?

 흙이 점점 줄어드는 것을 막는 방법 중 하나는 일단 나무를 많이 심는 거야. 나무뿌리가 흙을 잡아 둘 수 있거든. 또 흙이 드러나 있는 곳이 물이나 바람에 움직이지 않게 보호막을 쳐 두는 방법도 있지. 그리고 해안가를 심하게 개발하지 말아야 해.

▲ 흙이 드러난 곳에 설치한 보호막

| 장하다의 오답을 피하는 방법 |
| 나선애의 야무진 실험실 |
| 왕수재의 아는 척 과학교실 |
| 허영심의 별 헤는 밤 |
| 곽두기의 빅뱅 따라잡기 |

 오호, 그렇군요.

 이런 식으로 흙이 불필요하게 깎여 나가지 않게끔 자연환경을 잘 보존해야 한단다. 잘할 수 있겠지?

 네!!!

▲ 해변의 모래가 쓸려 가는 것을 막기 위한 시설

COMMENTS

 이렇게 흙이 점점 줄어들면 결국 우리가 피해를 보겠지?

ㄴ 그러니까 우리가 자연을 보호해야지.

ㄴ 그러면 자연이 우리를 보호해 주니까!

ㄴ 누나, 형. 이런 훈훈한 분위기, 왠지 낯선데?

3교시 | 광물

진짜 다이아몬드를 찾으려면?

바위 사이에 유리 같은 게 박혀 있어.

혹시 보석일까?

"이것 봐라. 다이아몬드 반지다."

허영심이 반지 낀 손을 내밀며 말했다.

"에이, 장난치지 마. 학교 앞 문구점에서 산 거 다 알아."

"호호, 들켰네."

"그래도 생긴 건 다이아몬드랑 비슷하다. 진짜 다이아몬드처럼 반짝반짝 빛이 나."

허영심과 아이들이 떠들고 있는데 곽두기가 고개를 갸우뚱하며 말했다.

"근데 누나, 형. 다이아몬드가 진짜인지 가짜인지는 어떻게 알 수 있어?"

"글쎄, 생각해 본 적이 없는데……."

그때 뒤에서 용선생이 불쑥 끼어들며 말했다.

"다 방법이 있지."

바윗덩어리를 자세히 들여다보면?

아이들이 자리에 앉자 용선생이 말했다.

"다이아몬드는 금강석이라고도 하는데, 광물의 한 종류란다."

"광물이요?"

"응. 광물은 암석을 이루고 있는 물질이야."

"그럼 암석은 뭔데요?"

"하하, 지구의 겉 부분인 지각은 단단한 바윗덩어리로 이루어져 있다고 했지? 이렇게 지각을 이루고 있는 바윗덩어리가 암석이야. 여기 화강암이라는 암석을 한번 보자."

왕수재는 용선생이 내민 돌을 힐끗 보더니 흥미가 없다는 듯이 말했다.

"그냥 흔한 돌이네요, 뭐."

"그럼 선생님이 돋보기를 줄 테니 암석을 자세히 들여다볼래?"

"돋보기로 보면 뭐가 다른가요?"

"하하, 일단 보면 생각이 달라질걸?"

돋보기를 받은 아이들이 암석을 자세히 관찰하기 시작했다.

▲ 화강암

▲ **화강암을 이루는 광물** 화강암은 장석, 석영, 흑운모 등의 광물로 이루어져 있어.

"어! 선생님. 여기에 반짝반짝하는 알갱이가 있는 거 같아요."

"검은색 알갱이도 있고, 연한 색 알갱이도 있어요."

"그렇지? 너희가 찾은 알갱이 하나 하나가 화강암을 이루는 광물이란다. 광물이 모여서 암석이 만들어지거든. 그러니까 광물은 암석을 이루는 기본 알갱이를 말하는 거야."

아이들이 고개를 끄덕이는 모습을 보며 용선생이 말했다.

"정리하자면 지각은 암석으로 이루어져 있고, 암석은 광물로 이루어져 있지."

"아하, 그런 관계군요."

▲ 지각, 암석, 광물의 관계

"좀 전에 말한 금강석 외에 금이나 은도 광물이야. 물론 흔히 볼 수 있는 광물은 아니지만."

"그럼 흔하게 볼 수 있는 광물은 어떤 게 있어요?"

"지금까지 발견된 광물의 종류는 4,000종이 넘어. 하지만, 대부분의 암석을 이루는 광물은 30종 정도밖에 되지 않아. 대표적으로 석영, 장석, 흑운모, 각섬석 등이 있지. 밝은색을 띠는 건 석영이나 장석인 경우가 많고, 어두운색을 띠는 건 흑운모나 각섬석일 수 있어."

"오호, 그렇군요."

석영

장석

흑운모

각섬석

▲ 대표적인 광물들

핵심정리

지각은 암석으로, 암석은 광물로 이루어져 있어. 광물에는 금강석, 금, 은, 석영, 장석, 흑운모, 각섬석 등이 있지.

광물을 구별해 보자!

"선생님, 이제 다이아몬드가 진짜인지 가짜인지 구별하는 방법을 알아봐요."

"하하, 좋아. 광물은 저마다 고유한 성질이 있어서 다른 광물과 구별할 수 있단다."

"고유한 성질이요?"

"응, 방금 알아본 광물의 색도 광물이 가진 고유한 성질 중 하나야."

"아하, 그럼 색 말고 또 어떤 고유한 성질이 있어요?"

"다이아몬드, 그러니까 금강석을 구별하는 데 사용할 수 있는 성질부터 알아보자. 바로 광물의 단단한 정도야."

"광물마다 단단한 정도가 다른가 보군요?"

허영심의 말에 용선생이 맞장구를 치며 말했다.

"맞아. 광물의 단단한 정도를 '굳기'라고 해. 모스라는 과학자가 광물의 굳기를 비교하여 정리했지."

"광물의 굳기를 어떻게 비교해요?"

"모스는 서로 다른 광물끼리 긁어서 굳기를 비교했어. 광물끼리 서로 긁었을 때 무른 광물은 단단한 광물에 긁힐 테니까 말이야."

허영심의 인물 사전

프리드리히 모스 (1773년 ~1839년) 독일의 과학자야. 광물에 대한 연구를 하면서 광물의 굳기를 비교하는 기준을 세웠어.

"아주 간단한 방법이네요."

장하다가 손가락을 탁 튕기며 말했다.

"그렇지? 모스는 광물 10개를 기준으로 잡아서 광물의 굳기를 비교해 정리했지. 아래 표에서 숫자가 커질수록 단단한 광물이란다."

▲ **광물의 굳기 비교** 무른 광물은 단단한 광물에 긁혀.

굳기 1	굳기 2	굳기 3	굳기 4	굳기 5
활석	석고	방해석	형석	인회석
굳기 6	굳기 7	굳기 8	굳기 9	굳기 10
정장석	석영	황옥	강옥	금강석

▲ 모스가 기준으로 잡은 광물과 굳기

"이야, 금강석이 제일 단단해요."

"맞아. 그래서 다른 광물로 금강석을 긁으면 금강석은 변화가 없고, 오히려 긁은 광물에 흠집이 생기지. 이런 식으로 광물의 굳기를 비교해 금강석을 구별할 수 있어."

"이야, 이제 진짜 다이아몬드를 구별할 수 있겠어요."

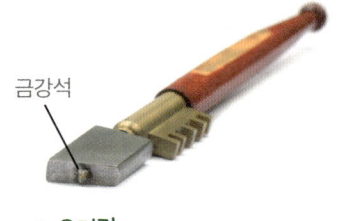
▲ 유리칼

"하하, 금강석은 보석 외에도 쓰임새가 많아. 금강석의 단단한 성질을 이용해서 공장에서는 여러 가지 재료를 자르거나 재료의 표면을 매끈하게 다듬어. 또 우리 생활에서는 유리를 자르는 도구인 유리칼에 쓰기도 하지."

아이들이 고개를 끄덕이자 용선생이 말했다.

"이제 광물의 또 다른 성질을 알아보자. 먼저 이 광물들을 한번 볼래?"

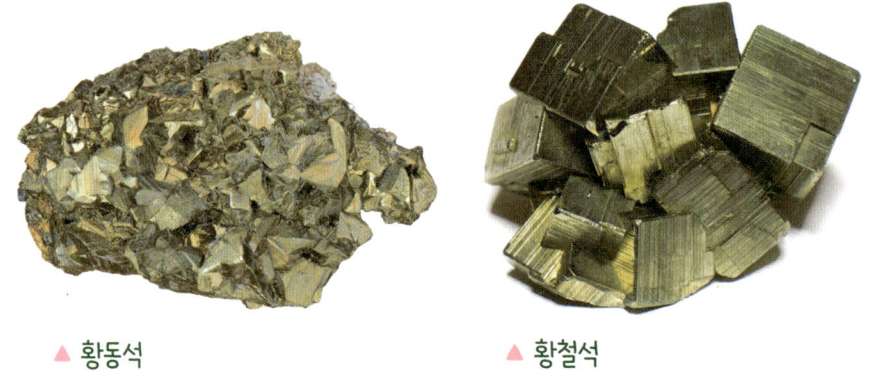
▲ 황동석   ▲ 황철석

"앗! 금인가요? 이 비싼 걸 어떻게 준비하셨어요?"

아이들이 눈을 반짝이며 광물 주위로 몰려들었다.

"하하, 사실 이 광물은 금이 아니라 황동석과 황철석이야. 꼭 금처럼 보여서 옛날부터 금을 찾는 사람들을 헷갈리게 했지. 그래서 '바보들의 금'이라는 별명이 붙었단다."

"재미있는 별명이네요. 그나저나 이렇게 금이랑 비슷해

보이면 구별하기 어려울 것 같은데요?"

장하다가 묻자 용선생이 장하다의 머리를 쓰다듬으며 말했다.

"걱정 마. 광물 가루의 색을 비교하면 돼. 광물은 겉으로 보이는 색과 가루일 때의 색이 다른 경우가 많거든. 황동석의 가루는 어두운 녹색이고, 황철석의 가루는 검은색이야. 금은 가루가 되었을 때도 색이 변하지 않아."

◀ **조흔판** 과학자들은 광물 가루의 색을 알아내기 위해 거칠거칠한 도자기 판을 이용해. 이 판을 조흔판이라고 부르지. 광물을 조흔판에 긁으면 광물 가루가 묻어 나와서 광물 가루의 색을 쉽게 알 수 있어.

"아하! 가루의 색으로 구별할 수 있군요!"

	금	황동석	황철석
겉보기 색	노란색		
가루의 색			

"응. 가루의 색을 비교하면 금을 쉽게 구별해 낼 수 있겠지? 이밖에도 자석에 붙는지, 염산을 뿌렸을 때 거품이 나는지 등으로도 광물을 구별할 수 있단다."

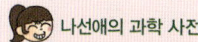

나선애의 과학 사전

염산 색이 없고 자극적인 냄새가 나는 액체야. 금속과 탄산 칼슘을 녹이는 성질이 있어.

"광물을 구별하는 방법이 참 다양하네요."

▲ **자철석** 자석에 붙는 성질이 있어.

▲ **방해석** 염산을 뿌리면 거품이 생겨.

핵심정리

광물은 저마다 색, 굳기, 가루의 색 같은 고유한 성질이 있어. 이런 성질을 이용하면 광물을 구별할 수 있지.

광물은 어디에 쓰일까?

용 선생은 갑자기 책상에 놓인 연필을 들고 말했다.

"얘들아, 연필심을 뭘로 만드는지 아니?"

"흑연이던가?"

장하다가 작게 혼잣말을 했다.

▲ **흑연** 연필심의 재료로 쓰여.

"맞았어. 흑연도 광물이야. 또 앞에서 금강석은 유리칼에 사용된다고 했지? 이처럼 광물은 우리 생활에서 다양하게 쓰인단다."

"오호, 또 어떤 광물이 쓰이고 있나요?"

용선생은 교실을 둘러보다가 창문을 가리키며 말했다.

"저기 창문에 유리가 끼워져 있지? 컵이나 그릇도 유리로 만들고 말이야. 유리의 재료가 바로 석영이야."

"아! 정말요?"

"응. 석영은 투명하거나 연한 색을 띠는데, 보통 모래에 많이 포함되어 있어. 굉장히 투명한 석영은 수정이라고도 불리지. 또 석영은 반도체의 재료로도 쓰여."

"석영이 유리도 되고, 반도체도 된다니……. 정말 쓰임새가 많네요."

용선생은 미소를 지으며 말을 이었다.

▲ 수정

 용선생의 과학 현미경

도체는 전기가 잘 통하는 물질, 부도체는 전기가 잘 통하지 않는 물질을 말해. 반도체는 부도체보다는 전기가 잘 통하지만, 도체보다는 전기가 잘 통하지 않는 물질이야. 반도체는 전기가 통하는 정도를 쉽게 조절할 수 있어서 전자 부품의 재료로 많이 쓰여.

▲ **석영** 유리와 반도체의 재료로 쓰여.

"너희 혹시 도자기를 어떻게 만드는지 아니?"

그러자 허영심이 손을 번쩍 들었다.

"지난번에 캠프 가서 만들어 봤어요. 찰흙 같은 반죽으로 모양을 만들고, 뜨거운 불에 구워서 만들어요."

▲ 장석   ▲ 고령토   ▲ 도자기를 만드는 모습

"그렇지. 찰흙처럼 보이는 그 반죽이 바로 장석이라는 광물을 주재료로 만든 거야. 장석이 비와 바람에 풍화된 가루를 고령토라고 하는데, 도자기 반죽을 만들 때 고령토가 들어간단다."

아이들이 고개를 끄덕이자 용선생이 새로운 광물을 하나 보여 주었다.

"어? 이게 광물이에요? 얇은 판이 여러 개 겹쳐 있는 것 같아요."

"이건 운모라고 하는 광물인데 얇은 판 모양으로 쪼개지는 성질이 있어. 앞에서 나온 흑운모도 운모

▲ 운모

의 한 종류이지. 운모는 전기가 잘 통하지 않는 성질이 있어서 각종 전자 제품에서 전기가 새어 나오지 않게 막을 때 사용된단다. 그리고 반짝이는 성질이 있어서 화장품이나 자동차용 페인트를 만들 때에도 쓰여."

"처음 보는 광물인데 여기저기 쓰이고 있었네요."

"그치? 한편 방해석은 석회암을 이루는 광물이야. 석회암은 시멘트의 재료로 사용된다고 했던 거 기억하지?"

▲ 방해석

"네, 광물이 정말 다양한 곳에 사용되네요. 처음 알게 된 것도 많고요."

"저는 오늘 배운 것 중에 금을 구별하는 방법이 제일 기억에 남아요."

"저는 다이아몬드를 구별하는 방법이요. 이제 가짜 다이아몬드나 가짜 금에 속는 일은 없을 것 같아요."

용선생이 허영심의 머리를 쓰다듬으며 말했다.

"하하, 그것도 아주 중요하지. 오늘 수업은 여기까지!"

핵심정리

광물은 우리 생활에 다양하게 쓰여. 연필심과 유리의 재료부터 반도체와 전자 제품의 재료로도 사용되지.

나선애의 정리노트

1. 암석과 광물
① 암석: 지각을 이루는 단단한 바윗덩어리
② 광물: ⓐ [　　　]을 이루는 기본 알갱이
　예) 금강석, 금, 은, 석영, 장석, 흑운모, 각섬석 등

2. 광물을 구별하는 방법
① 광물의 고유한 성질을 이용해 광물을 구별할 수 있음.
② 광물의 고유한 성질
- 겉으로 보이는 색
- ⓑ [　　　]: 광물의 단단한 정도
- 가루의 색
- 자석에 붙는지, 염산을 뿌렸을 때 ⓒ [　　　]이 나는지 등

3. 광물의 쓰임새
① 흑연: 연필심
② 금강석: 보석, 유리칼
③ 석영: 유리, ⓓ [　　　]
④ 장석: 도자기
⑤ 운모: 전자 제품, 화장품, 페인트
⑥ 방해석: ⓔ [　　　]

ⓐ 암석 ⓑ 굳기 ⓒ 거품 ⓓ 반도체 ⓔ 시멘트

과학퀴즈 달인을 찾아라!

●정답은 119쪽에

01

친구들이 이번 시간에 배운 내용에 대해 이야기하고 있어. 옳으면 O, 옳지 않으면 X를 표시해 줘.

① 지각은 광물로, 광물은 암석으로 이루어져 있어. (　　)
② 광물의 겉으로 보이는 색과 가루의 색은 늘 같아. (　　)
③ 광물은 연필심부터 반도체까지 다양한 곳에 쓰여. (　　)

02

곽두기가 동굴 속에 갇혔어. 동굴이 무너질 수도 있어서 빨리 탈출해야 해. 아래 보기 에 나열된 각 광물의 쓰임새를 순서대로 찾으면 가장 빠르게 탈출할 수 있대. 곽두기가 동굴을 탈출할 수 있게 도와줘.

보기　금강석 → 흑연 → 석영

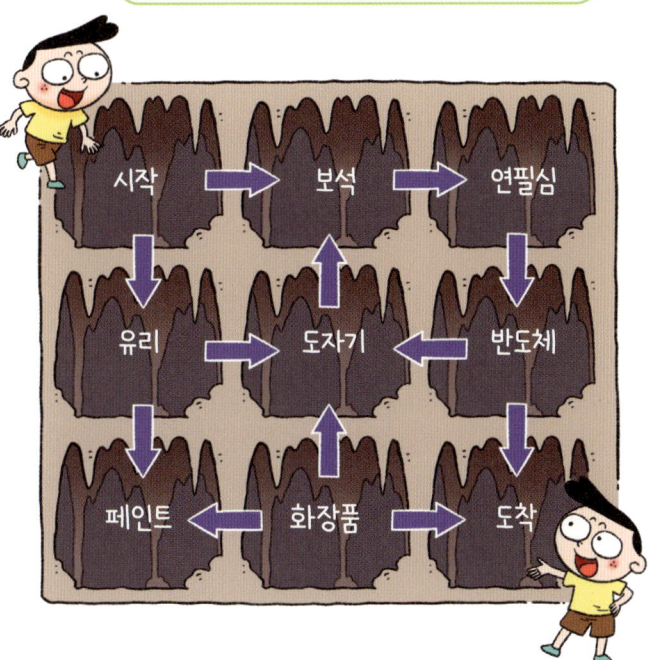

| **용선생의 과학 카페** | 용선생의 한국사 카페 | 용선생의 세계사 카페 | +

https://cafe.naver.com/yongyong

용선생의 과학 카페

과학계의 핵인싸,
용선생의 과학 카페에
오신 걸 환영합니다.

[Log in]

MENU 🎗️

물리면 아프다
화학이 화하하
생물 오징어
지구는 둥글다

희귀하지만 쓸모 있는 광물을 찾아서

희토류라는 말을 들어 본 적이 있니? '드물 희(稀), 흙 토(土), 무리 류(類)'라는 글자 뜻 그대로 자연에 드물게 존재하는 광물을 말해. 희토류에는 다음과 같은 것들이 있어.

란타늄, 세륨, 프라세오디뮴, 네오디뮴, 프로메튬, 사마륨, 유로퓸, 가돌리늄, 테르븀, 디스프로슘, 홀뮴, 에르븀, 툴륨, 이테르븀, 루테튬, 스칸듐, 이트륨

희토류는 자연에서 얻기는 어렵지만 우리 생활에 필요한 여러 가지 물건을 만들 때 꼭 필요한 광물이야. 우리 주변에서 몇몇 희토류가 어떻게 쓰이는지 알아보자.

▶ **란타늄**

망원경과 카메라의 렌즈를 만들 때 사용해. 란타늄을 넣은 유리로 렌즈를 만들면 렌즈의 성능이 아주 좋아져.

▶ 세륨

산소와 결합하면 매우 고운 가루로 변해. 반도체 표면을 매끈하게 다듬는 데에 이 가루를 사용해.

▶ 프라세오디뮴

비행기 엔진은 매우 튼튼한 금속으로 만들어. 이 금속은 여러 가지 금속을 섞어서 만드는데, 이때 프라세오디뮴을 사용해.

▶ 네오디뮴

희토류 중에서 가장 많이 쓰이고 있어. 네오디뮴을 넣어 자석을 만들면 자석의 힘이 10배나 강해져.

자연에서는 드물지만 우리 주변 곳곳에 사용되는 희토류, 꼭 기억해 줘.

장하다의 오답을 피하는 방법

나선애의 야무진 실험실

왕수재의 아는 척 과학교실

허영심의 별 헤는 밤

곽두기의 빅뱅 따라잡기

COMMENTS

- 희토류는 이름이 다 어렵네.
  └ 그래서 꼭 외워 둬야겠어.
  └ 외워서 뭐 하게?
  └ 끝말잇기 할 때 써먹을 수 있잖아. 헤헤헤!

4교시 | 퇴적암

산에서 캐는 소금의 정체는?

안내판을 보니 옛날에 여기서 소금을 캤대.

동굴 속이 눈 내린 것처럼 새하얗다.

"이 분홍색 돌은 뭘까?"

과학실로 들어온 아이들이 교탁 위에 놓여 있는 돌에 몰려들었다.

"분홍색인 데다가 조금 투명하기도 해."

그때 과학실로 들어온 용선생이 말했다.

"벌써 보고 있었구나. 선생님이 오늘 수업을 위해 특별히 준비한 소금이야."

"이 돌처럼 생긴 게 소금이라고요?"

"응. 이건 산에서 나는 소금 덩어리야."

"소금은 바다에서 얻는 거 아니었어요? 산에서 어떻게 소금이 나는 거죠?"

"하하, 소금이 어떻게 산으로 올라갔는지 궁금하니?"

"네!"

"좋았어! 지금부터 함께 알아보자고."

이런 암석 저런 암석

"너희가 말했다시피 소금은 보통 바닷물에서 얻어. 염전이라는 곳에 바닷물을 가둬 두고 물이 모두 마르면 소금을 얻을 수 있지. 그런데 땅속에서 얻는 소금도 있어. 소금이 땅속에서 암석으로 변한 것을 암염이라고 한단다."

"그러니까 이 분홍색 돌이 암염이라는 거죠?"

"응. 암석에는 여러 종류가 있는데, 암염은 퇴적암이라는 종류에 속해."

"으…… 퇴적암은 또 뭔데요?"

"하하, 새롭게 배우는 말이 많지? 그럼 일단 암석의 종류를 어떻게 나누는지부터 알아보는 게 좋겠구나."

"네, 좋아요."

"암석은 만들어진 과정에 따라 화성암, 변성암, 퇴적암으로 나눌 수 있어."

"이름만 들어서는 감이 잘 오지 않아요."

"하나씩 간단히 알아보자. 먼저 화성암이야. 화성암은 화산과 관련 있어. 지난번에 땅속에서 만들어진 마그마가 밖으로 나와 생긴 지형이 화산이라고 했지?"

"네, 기억나요."

▲ 염전

> **곽두기의 낱말 사전**
>
> **화성** 불 화(火) 이룰 성(成). 화산과 관련된 과정을 통해 만들어졌다는 뜻이야. '화'는 화산을 뜻해.

"화성암은 화산과 관련된 마그마의 활동으로 만들어진 암석이야. 마그마가 밖으로 나오면 기체 성분은 공기 중으로 날아가고 액체 성분은 지표를 타고 흐르는데, 이걸 용암이라고 해. 마그마가 땅속에서 그대로 굳어 화성암이 되기도 하고, 밖으로 나온 용암이 식어서 화성암이 되기도 하지."

▲ **화강암** 화성암의 한 종류로, 마그마가 땅속에서 굳어 생긴 암석이야.

"마그마의 활동으로 암석이 만들어진다는 건 처음 알았어요. 그러면 변성암은 어떤 암석이에요?"

"혹시 변성이 무슨 뜻인지 아는 사람 있니?"

아이들이 모두 곽두기를 쳐다보았다. 곽두기는 잠시 생각을 하고는 작은 목소리로 말했다.

"아마도 '변할 변(變)' 자 같은데요……. 뭔가 변했다는 뜻 아닐까요?"

"맞았어!"

용선생의 말에 곽두기의 표정이 밝아졌다.

"원래 있던 암석이 땅속에서 강한 열이나 높은 압력을 받으면 성질이 변하면서 새로운 암석이 된단다. 이렇게 만들어진 암석을 변성암이라고 해."

그러자 나선애가 손을 번쩍 들고 말했다.

"그런데 왜 퇴적암은 설명을 안 해 주세요?"

"하하, 퇴적암이 오늘의 주인공이라 아껴 두었지. 화성암과 변성암은 다음 시간에 좀 더 자세히 알아보기로 하고, 이제부터 퇴적암에 대해 자세히 살펴보자."

"좋아요."

▲ **대리암** 변성암의 한 종류로, 석회암이 변해서 만들어진 암석이야.

핵심정리

암석은 만들어진 과정에 따라 화성암, 변성암, 퇴적암으로 나눌 수 있어. 화성암은 마그마의 활동으로, 변성암은 원래 있던 암석이 성질이 변해 만들어진 암석이야.

흙이 쌓이고 쌓이면?

"먼저 퇴적이라는 단어의 뜻부터 알아보자. 퇴적은 무언가가 많이 쌓인다는 뜻이야."

"뭐가 쌓이는데요?"

"장차 퇴적암이 될 재료들이지. 지표에 있는 바위는 흐

 곽두기의 낱말 사전

퇴적 쌓을 퇴(堆) 쌓을 적(積). 많이 쌓이고 쌓인다는 뜻이야.

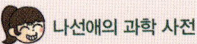

나선애의 과학 사전

침식 씻을 침(浸) 갉아 먹을 식(蝕). 강물, 바닷물, 비, 바람 등이 지표를 깎는 현상을 말해.

르는 강물이나 바다의 파도, 비와 바람 등에 깎여 나가. 이런 작용을 통틀어 침식 작용이라고 해. 바위가 침식 작용을 받으면 자갈, 모래, 진흙 같은 더 작은 알갱이가 돼. 이 알갱이 중 일부는 처음 생긴 곳에 머물지만 대부분 바람이나 흐르는 물을 타고 다른 곳으로 운반되지."

"아하, 알갱이들이 운반되는군요."

"응. 가장 흔한 경우는 알갱이들이 강물에 실려 운반되는 거야. 알갱이들이 강물에 실려 운반되다가 물의 흐름이 느려지는 곳에서 바닥에 가라앉아 퇴적되기 시작하지. 이러한 작용을 퇴적 작용이라고 해. 그렇다면 강의 어느 부분에서 물의 흐름이 느려질까?"

"글쎄요……?"

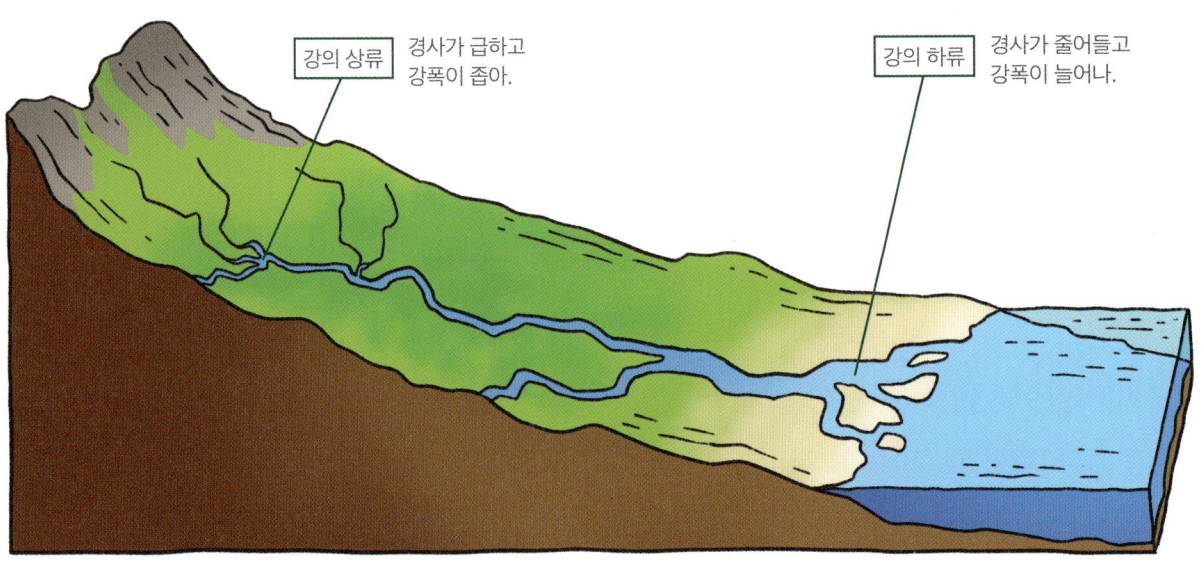

▲ 강의 상류와 하류

강의 상류 — 경사가 급하고 강폭이 좁아.

강의 하류 — 경사가 줄어들고 강폭이 늘어나.

아이들이 고개를 갸우뚱하자 용선생이 웃으며 말했다.

"대표적으로 강의 하류에서 바다로 접어드는 곳을 들 수 있어. 강물은 바다로 흘러가는데, 하류 쪽으로 갈수록 강이 흐르는 경사가 줄어들고 강폭이 늘어나기 때문에 물의 흐름이 느려져. 그래서 강의 하류와 바다로 접어드는 곳에서는 알갱이들이 바닥에 퇴적되지."

"오호, 그렇겠네요."

"또 강물이 흐르다가 커다란 호수로 흘러 들어갈 때에도 물의 흐름이 느려지면서 알갱이들이 호수 바닥에 퇴적될 수 있어."

"그러면 물에 실려 온 알갱이들이 바다나 호수 바닥에 가라앉아 쌓이면 바로 퇴적암이 되는 건가요?"

허영심의 물음에 용선생이 고개를 가로저었다.

"그건 아니야. 생각해 봐. 운동장에 모래를 쌓아 두기만 한다고 암석으로 변하진 않겠지?"

"그렇죠. 암석은 아주 단단하니까, 어떤 일이 일어나서 쌓인 알갱이들이 단단하게 변해야겠네요."

장하다가 나선애의 말을 듣고 고개를 갸웃하며 물었다.

"어떤 일이 일어나야 모래 같은 작은 알갱이들이 단단한 암석으로 변할 수 있죠?"

 용선생의 과학 현미경

사실 침식 작용과 퇴적 작용은 강 전체에서 모두 일어나. 하지만 강 상류에서는 퇴적 작용보다 침식 작용이 활발하고 강 하류에서는 침식 작용보다 퇴적 작용이 활발해.

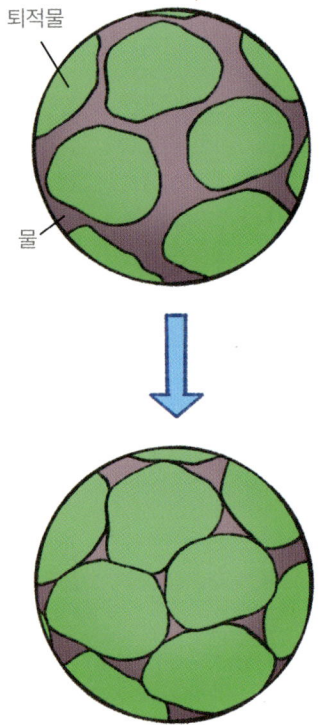

▲ **다져지는 작용** 위에서 누르는 압력을 받아 퇴적물이 점점 다져져.

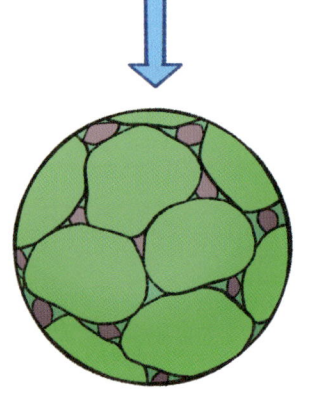

▲ **굳어지는 작용** 물에 녹아 있는 물질이 퇴적물 사이를 채우면서 퇴적물이 점점 단단하게 굳어져.

"물에 실려 와 바다나 호수 바닥에 쌓인 알갱이들을 퇴적물이라고 하는데, 퇴적물이 단단한 퇴적암으로 변하려면 크게 두 가지 작용이 일어나야 해."

"두 가지 작용이요?"

허영심이 궁금하다는 듯 몸을 앞으로 쭉 내밀었다.

"첫 번째는 퇴적물을 위에서 강하게 누르는 압력이 작용해서 퇴적물이 다져지는 작용이 일어나야 해."

"아! 모래를 모아 두꺼비집을 만들 때 모래가 잘 뭉치도록 탁탁 다져 주는 것처럼요?"

"맞아."

"근데 누가 퇴적물을 다져 주나요?"

"퇴적물이 쌓이다 보면 위의 퇴적물이 아래에 쌓인 퇴적물을 누르는 압력이 자연스레 작용한단다."

"아하, 그러면 퇴적물이 위로 많이 쌓일수록 잘 다져지겠네요?"

"그렇지. 두 번째로는 퇴적물과 퇴적물이 단단히 결합해서 굳어지는 작용이 일어나야 해. 이 작용은 물에 녹아 있는 물질들이 퇴적물과 퇴적물 사이를 채우면서 일어나."

"물에 녹아 있는 물질이요? 어떤 게 그런 역할을 해요?"

"대표적으로 탄산 칼슘이 있어. 탄산 칼슘은 물에 많이 녹아 있는데, 이것이 퇴적물과 퇴적물 사이를 연결해 주는 역할을 한단다."

"탄산 칼슘이 그런 역할을 한다고요?"

▲ 탄산 칼슘

"응. 탄산 칼슘은 석회암의 주성분이야. 석회암이 시멘트의 재료가 된다는 걸 생각해 보면 이해될 거야."

"아하, 기억나요. 그렇다면 퇴적물 사이사이에 시멘트를 바르는 셈이군요."

왕수재가 어깨를 으쓱하며 말했다.

"간단히 말하자면 그런 셈이지. 정리하자면 퇴적암은 퇴적물이 다져지는 작용과 굳어지는 작용을 받아 단단하게 굳어 만들어진 암석이야. 퇴적물이 이러한 작용을 받아 퇴적암으로 변하는 데에는 보통 수백만 년씩 걸려."

용선생의 말을 들은 장하다가 입을 쩍 벌리며 말했다.

"우아, 정말 오래 걸리네요."

핵심정리

침식 작용으로 생긴 알갱이들은 바람이나 강물에 실려 와 바다나 호수 바닥에 퇴적돼. 퇴적암은 퇴적물이 다져지는 작용과 굳어지는 작용을 받아 단단하게 굳어 만들어져.

 ## 우리가 바로 퇴적암이야!

용선생은 작은 암석이 여러 개 담긴 상자를 꺼내며 설명을 계속했다.

"이제 퇴적암에 어떤 게 있는지 알아보자. 가장 흔한 퇴적물인 자갈, 모래, 진흙이 쌓여서 여러 가지 퇴적암이 만들어져. 대표적으로 역암, 사암, 이암이 있지. 각각의 암석부터 살펴보자. 돋보기도 이용해 보렴."

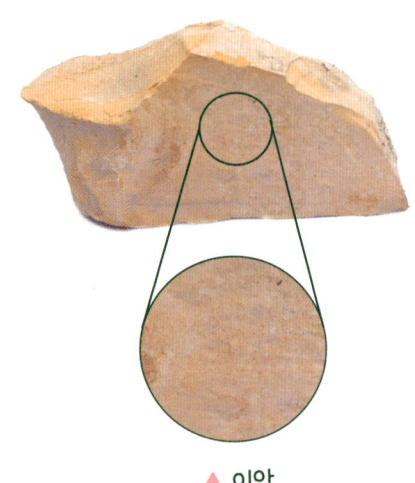

▲ 역암   ▲ 사암   ▲ 이암

"앗! 역암에는 큼직한 자갈이 박혀 있어요."

"그 말은 퇴적물에 자갈이 있다는 거겠지? 자갈과 자갈 사이에는 모래와 진흙이 굳어 있어. 이렇게 자갈, 모래, 진흙이 퇴적되어 만들어진 퇴적암을 역암이라고 해. 또 모래와 진흙으로 만들어진 퇴적암을 사암이라고 하고, 주로 진흙으로 만들어진 퇴적암을 이암이라고 하지."

"그러고 보니 정말 알갱이의 크기가 모두 다르네요."

"잘 봤어. 그리고 지난번에 알아본 석회암도 퇴적암에 속해. 석회암은 조개껍데기나 산호 껍데기 등이 퇴적되어 만들어진 퇴적암이야."

그때 왕수재가 고개를 번쩍 들며 말했다.

"참, 암염도 퇴적암이라면서요. 그럼 소금이 퇴적되었다는 건데…… 물에 녹는 소금이 어떻게 물속에서 쌓일 수 있죠?"

"이야, 정말 예리한걸? 암염은 퇴적암 중에서도 조금 특이한 과정을 거쳐 만들어진단다."

"어휴, 궁금해요. 빨리 알려 주세요."

"하하, 그 전에 땅의 움직임부터 이해해 보자. 땅은 오랜 시간에 걸쳐 위로 솟아오르기도 하고, 아래로 가라앉기도 해. 또 앞뒤나 좌우로 움직이기도 하지. 이처럼 땅이 움직이는 현상을 통틀어 지각 변동이라고 해."

"아, 지각 변동이 그런 뜻이군요."

"암염이 생기려면 원래 바다였던 곳이 지각 변동을 받아

▲ 석회암

> **곽두기의 낱말 사전**
>
> **변동** 변할 변(變) 움직일 동(動). 바뀌어 달라진다는 뜻이야.

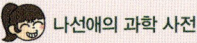

나선애의 과학 사전

증발 물과 공기가 만나는 부분에서 액체인 물이 기체인 수증기로 변하는 현상이야. 젖은 땅이나 빨래가 마르는 것도 물이 증발하기 때문이야.

호수로 변해야 해. 호수의 물이 오랜 시간에 걸쳐 증발하면 소금 성분만 남아. 그리고 또 다른 지각 변동을 받아 소금 성분이 땅속에 묻혀 퇴적암인 암염이 된 거란다."

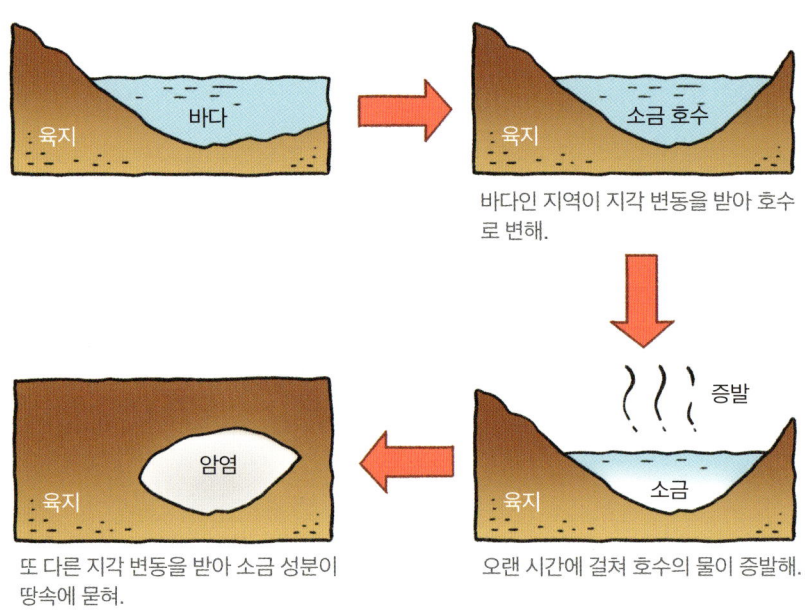

▲ 암염이 만들어지는 과정

"아아, 꽤 복잡한 과정을 거쳤네요."

그때 허영심이 교탁 위 암염을 가리키며 물었다.

"이 암염은 어디서 나온 거예요?"

"히말라야산맥에서 나왔어."

"헉! 그렇다면 히말라야산맥이 옛날에는 바다였겠네요?"

"맞아. 또 폴란드나 몽골 지역 등에서도 암염이 많이 발

▲ **히말라야산맥 위치** 인도 북쪽에 동서로 길게 뻗은 산맥이야. 전체 길이는 2,500km 정도야.

견되는데, 이곳들도 아주 옛날에 한 번 이상 바다였던 적이 있다는 얘기지."

아이들이 고개를 끄덕이는데 장하다가 교탁 위 암염을 손가락으로 비비면서 말했다.

"선생님. 암염에서 짠맛이 나는지 직접 확인해 봐요."

"녀석도 참. 내가 그럴 줄 알고 삶은 달걀을 준비해 왔지. 암염으로 만든 가루 소금도 가져 왔으니까 암염은 그만 비벼도 될 것 같은데?"

"역시 선생님은 우리를 너무 잘 아신다니까. 어쨌든 잘 먹겠습니다."

 **핵심정리**

대표적인 퇴적암에는 자갈, 모래, 진흙으로 이루어진 역암, 사암, 이암이 있어. 또 조개껍데기나 산호 껍데기 등이 퇴적되면 석회암이 되고, 소금이 지각 변동을 받아 퇴적되면 암염이 돼.

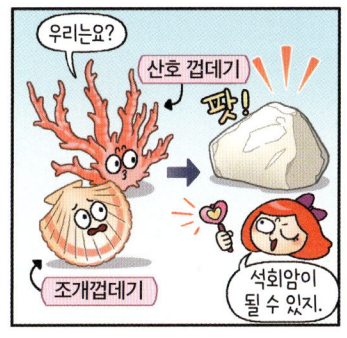

나선애의 정리노트

1. 암석의 종류
① 화성암: 마그마의 활동으로 만들어진 암석
② 변성암: 원래 있던 암석이 성질이 변해 만들어진 암석
③ 퇴적암: ⓐ _____ 이 단단하게 굳어 만들어진 암석

2. 퇴적암이 만들어지는 과정
① 바위가 ⓑ _____ 작용을 받아 자갈, 모래, 진흙 등의 알갱이로 변함.
② 바람이나 강물 등에 실려 운반됨.
③ 바다나 커다란 호수 바닥에 퇴적됨.
④ 퇴적물이 다져지는 작용과 굳어지는 작용을 받아 단단한 암석으로 변함.

3. 퇴적암의 종류
① 역암: ⓒ _____ , 모래, 진흙이 퇴적됨.
② 사암: 모래와 진흙이 퇴적됨.
③ 이암: 주로 진흙이 퇴적됨.
④ ⓓ _____ : 조개껍데기, 산호 껍데기 등이 퇴적됨.
⑤ 암염: ⓔ _____ 이 지각 변동을 받아 퇴적됨.

ⓐ 퇴적물 ⓑ 풍화 ⓒ 자갈 ⓓ 석회암 ⓔ 소금

 # 과학퀴즈 달인을 찾아라!

●정답은 119쪽에

01

친구들이 이번 시간에 배운 내용에 대해 이야기하고 있어. 옳으면 O, 옳지 않으면 X를 표시해 줘.

① 암석은 만들어진 과정에 따라 화성암, 변성암, 퇴적암으로 나눌 수 있어. (　)
② 퇴적물은 다져지는 작용만 받아도 퇴적암이 될 수 있어. (　)
③ 암염은 바닷속에서 소금 알갱이가 가라앉아 만들어져. (　)

02

왕수재가 미로를 통과하려고 해. 퇴적암을 따라가면 출구를 찾을 수 있대. 왕수재에게 올바른 길을 알려 줘.

https://cafe.naver.com/yongyong

용선생의 과학 카페

과학계의 핵인싸, 용선생의 과학 카페에 오신 걸 환영합니다.

Log in

오늘은 어떤 재미난 지식을 올려 볼까?

MENU

물리면 아프다
화학이 화하하
생물 오징어
지구는 둥글다

화석이 발견되는 암석은?

과학 탐정님, 안녕하세요? 제가 해외여행을 갔다가 오른쪽 사진과 같은 작은 암석을 주웠어요. 이 암석이 퇴적암, 화성암, 변성암 중 무엇인지 무척 궁금해서 의뢰합니다.

- 곽두기 올림.

안녕하세요. 과학 탐정 용선생입니다. 저에게는 너무 쉬운 사건이군요. 가장 큰 단서는 암석에 화석이 보인다는 거예요. 화석은 아주 오래전에 살던 생물의 몸체와 생물이 생활한 흔적이 남아 있는 것을 말합니다. 화석이 되려면 생물이 죽은 뒤 흙에 빨리 묻혀야 해요. 그러면 오랜 시간이 지나면서 흙과 함께 굳어 화석이 됩니다. 이제 가져오신 암석의 정체를 밝혀 볼까요?

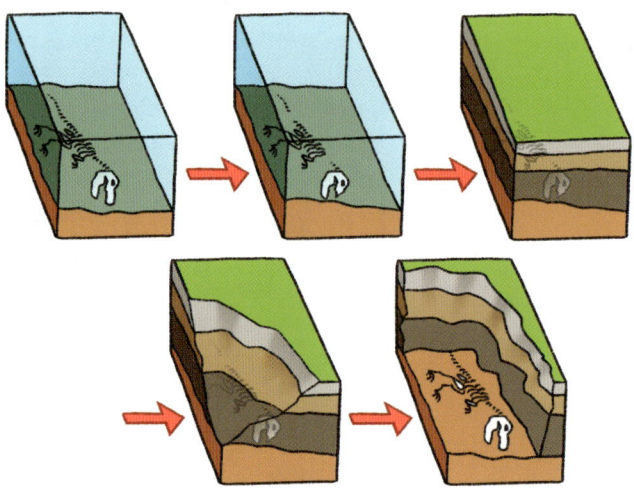

▲ 화석이 만들어지는 과정

추리 1

일단 이 암석은 화성암은 아닙니다. 화성암은 마그마나 용암이 굳어서 만들어집니다. 죽은 생물이 용암에 휩싸일 수 있겠지만 용암이 너무 뜨거워서 대부분 흔적도 없이 사라지고 말 거예요. 따라서 화성암에서 화석을 발견하기란 하늘의 별 따기지요.

추리 2

이 암석은 변성암도 아닙니다. 변성암은 원래 있던 암석이 강한 열이나 압력을 받아서 만들어집니다. 그러니까 원래 암석에 화석이 있었다 하더라도 변성암으로 변하는 과정에서 화석은 대부분 알아보기 힘들게 변하고 말 겁니다. 따라서 변성암에서도 화석을 발견하기는 무척 어려워요.

추리 3

그렇다면 남은 건 퇴적암이군요. 퇴적암은 퇴적물이 쌓인 뒤 오랜 시간에 걸쳐 점점 단단하게 굳어 만들어진 암석입니다. 이때 퇴적물에 죽은 생물이 함께 묻히면 화석이 될 수 있지요.

- 장하다의 오답을 피하는 방법
- 나선애의 야무진 실험실
- 왕수재의 아는 척 과학교실
- 허영심의 별 헤는 밤
- 곽두기의 빅뱅 따라잡기

 따라서 화석이 포함된 암석은 바로 퇴적암! 이걸로 사건 해결!

COMMENTS

 나도 과학 탐정님께 의뢰할 사건이 있는데….

└ 으아, 수재 너 무슨 큰일이라도 난 거야?

└ 내가 왜 이리 잘났는지 그 이유를 알고 싶어.

└ 왕자병은 탐정을 찾을 게 아니라 의사를 찾아야지.

5교시 | 화성암

돌하르방에 쓰인 돌의 정체는?

바닷가에 조각상이 서 있어.

제주도 돌하르방이잖아.

"자, 선물!"

허영심이 아이들에게 돌하르방이 달린 열쇠고리를 내밀었다.

"우아, 어디서 난 거야?"

"지난 주말에 가족들이랑 제주도에 다녀왔거든. 너희 생각이 나서 기념품 가게에서 사 왔지."

"고마워. 근데 돌하르방을 만드는 돌은 왜 이렇게 생겼을까? 까맣고 구멍이 숭숭 뚫렸잖아."

"그게 제주도에 엄청 많은 돌이래. 돌 이름이 뭐였더라……? 갑자기 생각이 안 나."

그때 과학실 앞쪽에서 용선생의 목소리가 들려왔다.

"영심이가 아주 좋은 수업 소재를 가지고 왔구나. 오늘은 제주도에서 많이 나는 돌에 대해 알아보자."

"좋아요! 안 그래도 선생님께 여쭤보려던 참이었어요."

화산에서 만들어진 돌은?

"돌하르방을 만들 때 쓰이는 검은색 돌의 이름은 현무암이야. 이걸 보렴."

용선생이 현무암을 보여 주자 허영심이 손뼉을 짝 치며 말했다.

"맞아요. 들을 땐 알겠는데 맨날 까먹는단 말이죠."

"하하, 괜찮아. 영심이 말대로 현무암은 제주도에 아주 많아. 너희 제주도에 화산이 있다는 거 알고 있니?"

"아! 제주도에 있는 한라산이 화산이라는 얘기는 들어 봤어요."

"맞아. 현무암은 바로 화산과 관련된 마그마의 활동으로 만들어진 암석이란다."

"정말요? 좀 더 자세히 설명해 주세요."

나선애가 필기를 준비하며 말했다.

"좋았어. 시작해 보자고! 마그마의 활동으로 만들어진 암석은 현무암 말고도 많은데, 이런 암석들을 통틀어 화성암이라고 해. 지난 시간에 잠깐 소개했는데 기억나니?"

▲ 현무암

▼ **한라산** 높이 1,947m로 남한에서 가장 높은 산이야. 제주도의 화산 활동으로 만들어진 화산이지.

"네, 기억나요."

"마그마도 지난번에 간단히 알아보았지만, 오늘은 좀 더 자세히 알아보면서 화성암이 어떻게 생기는지 알려줄게."

"좋아요."

"마그마는 지각의 아랫부분 또는 맨틀의 윗부분을 이루는 암석이 녹은 거야. 대부분 액체이고 기체도 포함되어 있어. 이렇게 암석이 녹아 생긴 마그마는 화산이 분출하는 원인이 돼."

"오호, 그렇군요. 땅속에서 마그마가 생기면 바로 화산이 분출하나요?"

"그건 아니야. 암석이 마그마로 변하면, 마그마는 암석일 때보다 가벼워져. 그래서 땅속에 있는 다른 암석들의 틈을 뚫고 위로 움직인단다. 이 과정에서 마그마는 다른 암석을 밀어내거나 녹이기도 해. 그렇게 위로 이동하다 어느 정도 빈 공간이 생기면 그곳에 고이기 시작하지."

"음…… 그런 다음에는요?"

"아래쪽에서 마그마가 계속 생겨나서 올라오면, 땅속 공간에 고여 있던 마그마는 더 이상 견디지 못하고 지각의 약한

> 곽두기의 낱말 사전
>
> 분출 뿜을 분(噴) 나갈 출(出). 물질이 뿜어져 나온다는 뜻이야.

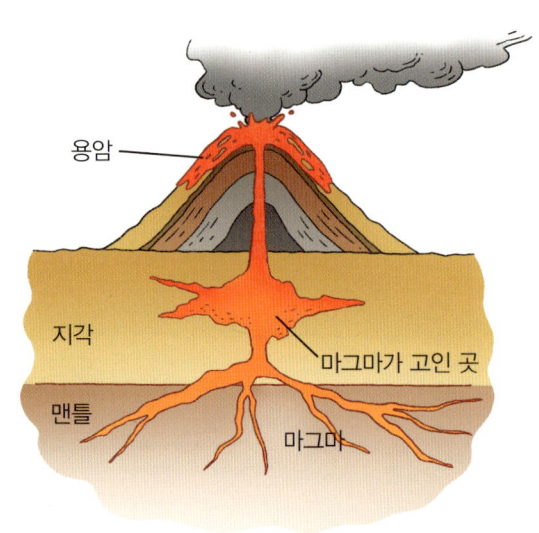

▲ 마그마와 화산

틈을 뚫고 밖으로 나와."

"으아, 그렇게 화산이 분출하는군요?"

"맞아. 마그마가 땅 밖으로 나오면 기체 성분인 화산 가스는 대부분 공기 중으로 빠져나가고 액체 성분만 남는데, 이 액체 성분을 용암이라고 하지. 또 화산이 분출할 때 고체인 화산재와 화산 암석 조각 등도 나와."

▲ 화산재

▲ 화산 암석 조각

"그러면 화성암은 언제 만들어져요?"

"밖으로 흘러나온 용암은 바깥 공기나 물에 닿아 빠르게 식으면서 화성암으로 변해. 또 땅 밖으로 미처 나오지 못한 마그마는 땅속에 머물면서 오랜 시간에 걸쳐 천천히 식어서 화성암이 되지. 이런 식으로 다양한 종류의 화성암이 만들어져."

"화성암도 종류가 여러 가지군요."

용선생이 고개를 끄덕이자, 현무암에서 눈을 떼지 못하

던 왕수재가 물었다.

"근데 현무암은 왜 이렇게 까맣고 구멍이 숭숭 뚫려 있어요?"

핵심정리
마그마의 활동으로 만들어진 암석을 화성암이라고 해. 화성암은 땅속에서 생긴 마그마가 밖으로 흘러나와 빠르게 식어 만들어지거나 땅속에서 오랫동안 천천히 식어 만들어져.

화성암 모두 모여라!

▲ **현무암을 이루는 광물** 주로 어두운색 광물들이야.

"현무암은 화산 밖으로 나온 용암이 빠르게 식어서 생긴 대표적인 화성암이야. 일단 색이 어두운 건 현무암을 이루는 광물의 색 때문이란다. 암석은 광물로 이루어져 있다고 했지? 현무암은 주로 어두운색을 띠는 광물인 각섬석, 휘석, 감람석 등으로 이루어져 있어."

"그래서 현무암이 어두운색이군요. 그럼 구멍은 왜 생겼어요?"

"현무암에 있는 구멍은 마그마 속 기체가 빠져나가면서 생겨. 모든 현무암에 구멍이 있는 건 아니고 마그마에 기체가 많은 경우에만 생기지."

"아하, 그렇군요. 현무암 말고 또 어떤 화성암이 있어요?"

"화강암이 있지."

"아, 화강암은 지난번에 광물을 배울 때 본 암석이잖아요. 잘 기억이 나지는 않지만요."

"그럴 줄 알고 선생님이 미리 준비해 뒀지."

용선생은 화강암을 꺼내 아이들에게 보여 주었다.

"오호, 현무암과는 색부터 확실히 달라요."

"그치? 화강암의 전체적인 색을 현무암과 비교해서 말해 볼까?"

"화강암은 현무암보다 색이 밝아요."

"맞아. 지난번에 알아본 것처럼, 화강암을 이루는 광물들이 주로 밝은색을 띠는 석영이나 장석 등이어서 그래. 물론 중간중간 검은 점처럼 생긴 어두운색 광물도 포함하고 있지만 말이야."

용선생은 아이들에게 돋보기를 하나씩 나누어 주었다.

"이번에는 화강암과 현무암을 이루는 광물 알갱이의 크기를 비교해 보자. 화강암은 광물 알갱이가 커서 뚜렷이

▲ 화강암

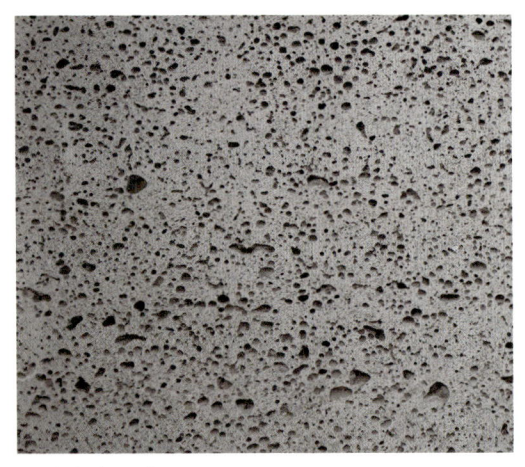

▲ 현무암 표면

볼 수 있을 정도야. 그러면 현무암을 이루는 광물 알갱이도 한번 찾아볼래?"

아이들은 돋보기로 현무암을 열심히 들여다보았다.

"어휴, 현무암은 화강암과 달리 알갱이가 잘 보이지 않아요."

"그렇지? 현무암을 이루는 광물 알갱이는 아주 작아서 구별하기가 어렵단다."

"그렇군요. 화강암은 알갱이 크기가 크고, 현무암은 알갱이 크기가 작네요……. 둘 다 마그마가 식어서 만들어진 건데 왜 이런 차이가 나죠?"

"그건 마그마가 천천히 식었느냐, 빠르게 식었느냐에 달렸어. 마그마가 천천히 식으면 광물 알갱이가 뭉칠 수 있는 시간이 충분해서 알갱이 크기가 커져. 반대로 마그마가 빠르게 식으면 알갱이 크기가 커지지 못한단다."

"그렇군요. 화강암은 알갱이가 큰 걸 보니 천천히 식었나 봐요."

"맞아. 화강암은 땅속에서 마그마가 천천히 식어 만들어진 화성암이

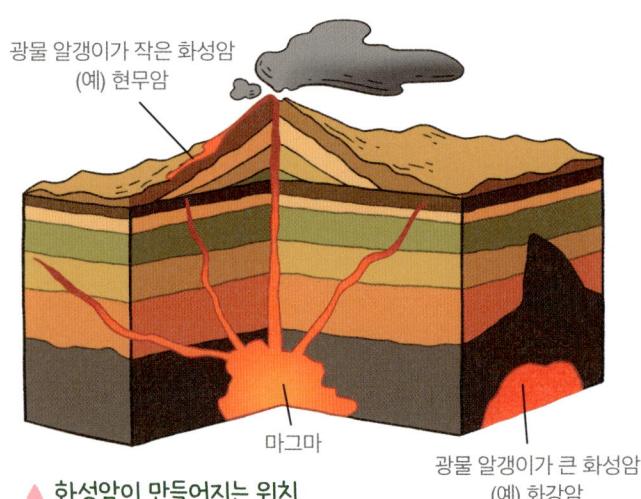

▲ 화성암이 만들어지는 위치

야. 또 현무암은 밖에서 용암이 빠르게 식어 만들어진 화성암이지. 화성암에는 현무암과 화강암 외에도 안산암, 유문암, 반려암, 섬록암 같은 게 있어."

▲ 여러 가지 화성암

"우웅, 이름이 너무 어려워요."

곽두기가 입을 삐죽 내밀고 말했다.

"하하, 화성암의 이름을 모두 기억할 필요는 없어. 기본 원칙만 기억하면 된단다! 땅속에서 천천히 식은 화성암은 알갱이가 뚜렷이 보일 정도로 크고, 밖에서 빠르게 식은 화성암은 알갱이가 아주 작다는 것. 그리고……."

"밝은색의 화성암은 밝은색 광물로, 어두운색의 화성암

은 어두운색 광물로 이루어져 있다는 거죠?"

"정확해!"

핵심정리

현무암은 어두운색 광물로 이루어져 어두운색을 띠고, 용암이 빠르게 굳어서 광물 알갱이의 크기가 작아. 반면에 화강암은 밝은색 광물로 이루어져 밝은색을 띠고, 마그마가 천천히 식어서 광물 알갱이의 크기가 커.

화성암이 쓰이는 곳은?

용선생이 목소리를 가다듬고 말했다.

"끝으로 우리 생활에서 화성암을 어떻게 사용하고 있는지 알아보자."

"안 그래도 그게 궁금하던 참이에요."

장하다가 너스레를 떨자 아이들이 웃음을 터뜨렸다.

"하하, 암석은 대부분 자연 상태 그대로 이용하기도 하지만 우리가 사용하려는 목적에 맞추어 자르거나 다듬어 사용하기도 해. 먼저 화강암부터 살펴볼까?"

용선생은 사진을 여러 장 띄웠다.

화강암 비석

다보탑

북한산 진흥왕 순수비

화강암으로 만든 건물 벽

석굴암

▲ 화강암이 쓰인 곳

"화강암은 표면을 잘 갈면 반질반질 윤이 나는 성질이 있어. 또 아주 단단하지. 그래서 비석이나 건물 바깥쪽 벽, 탑 등을 만들 때 사용한단다. 우리나라는 전 지역에 화강암이 풍부한 편이라 옛날부터 화강암으로 건물이나 탑을 많이 만들었어."

"그렇군요. 그러면 현무암은 주로 어디에 쓰나요?"

"현무암은 겉이 거칠고 단단해. 그래서 맷돌을 만들 때 많이 사용하지."

"겉이 거칠거칠한 게 콩이 아주 잘 갈릴 거 같아요."

"그렇지? 앞에서 알아봤듯이 제주도에는 오래전 화산 활동으로 만들어진 현무암이 아주 많아. 그래서 제주도 사람들은 옛날부터 현무암으로 생활에 필요한 것들을 많이 만들었어. 예를 들어, 집 밖에 담을 쌓을 때도 현무암을 이용했지."

▲ 현무암 맷돌

"주위에서 구하기 쉬우니까 많이 이용한 거군요."

"응. 또 돌하르방은 마을 입구에 있는 장승과 같은 역할을 하는 조각상인데, 대부분의 지역에서는 나무로 장승을 만들었지만 제주

▲ 장승 마을 입구에 세운 기둥이야. 마을을 지키는 역할을 한다고 믿었어.

▲ 돌하르방

▼ 현무암 돌담

도에서는 흔히 구할 수 있는 현무암으로 돌하르방을 만들었어."

"그게 제주도의 대표적인 상징이 된 거고요."

"그렇지. 그런데 요즘은 현무암을 제주도 밖으로 가지고 나가는 걸 금지하고 있어. 제주도에서 현무암을 가져가는 사람들이 많아 현무암이 많이 줄었거든."

"어? 그럼 영심이가 사 온 열쇠고리는 뭐예요? 설마 불법으로 만든 건가요?"

그러자 허영심이 난처한 표정으로 손을 내저었다.

"선생님, 정말이에요? 아니죠?"

"하하, 이건 플라스틱으로 현무암 모양을 흉내 내서 만든 것일 뿐이니까 안심해!"

"휴, 다행이네요."

"영심이가 사 온 선물 덕에 오늘도 중요한 걸 많이 알았지? 오늘 수업은 여기서 끝!"

화강암은 비석이나 건물 바깥쪽 벽, 탑 등을 만들 때 사용해. 현무암은 맷돌을 만들 때 많이 사용하지. 제주도에서는 쉽게 구할 수 있는 현무암으로 돌담이나 돌하르방 등을 만들었어.

 나선애의 정리노트

1. 화성암
① ⓐ [_____] 의 활동으로 만들어진 암석
- 밖으로 흘러나온 용암이 빠르게 식어 화성암이 될 수 있음.
- 땅속에서 마그마가 천천히 식어 화성암이 될 수 있음.

2. 화성암의 종류
① 현무암
- 어두운색을 띰: 어두운색의 광물로 이루어져 있기 때문
- 광물 알갱이의 크기가 작음: ⓑ [_____] 이 빠르게 식었기 때문

② 화강암
- 밝은색을 띰: 밝은색의 광물로 이루어져 있기 때문
- 광물 알갱이의 크기가 큼: ⓒ [_____] 가 천천히 식었기 때문

3. 화성암의 쓰임새
① 화강암: 비석, 건물 벽, 탑 등
② 현무암: 맷돌, 제주도의 돌담과 ⓓ [_____] 등

ⓐ 마그마 ⓑ 용암 ⓒ 마그마 ⓓ 돌하르방

 ## 과학퀴즈 🧪 달인을 찾아라!

● 정답은 119쪽에

01

친구들이 이번 시간에 배운 내용에 대해 이야기하고 있어. 옳으면 O, 옳지 않으면 X를 표시해 줘.

① 제주도에는 오래전 화산 활동으로 만들어진 현무암이 많아. (　　)

② 화강암은 광물 알갱이의 크기가 눈에 보이지 않을 정도로 매우 작아. (　　)

③ 석굴암은 화강암으로 만들었어. (　　)

02

제주도 한라산으로 현장 학습을 가던 친구들이 길을 잃어버렸어. 제주도에 많은 현무암에 대한 바른 설명을 따라가면 길을 찾을 수 있대. 친구들이 길을 찾을 수 있게 도와줘.

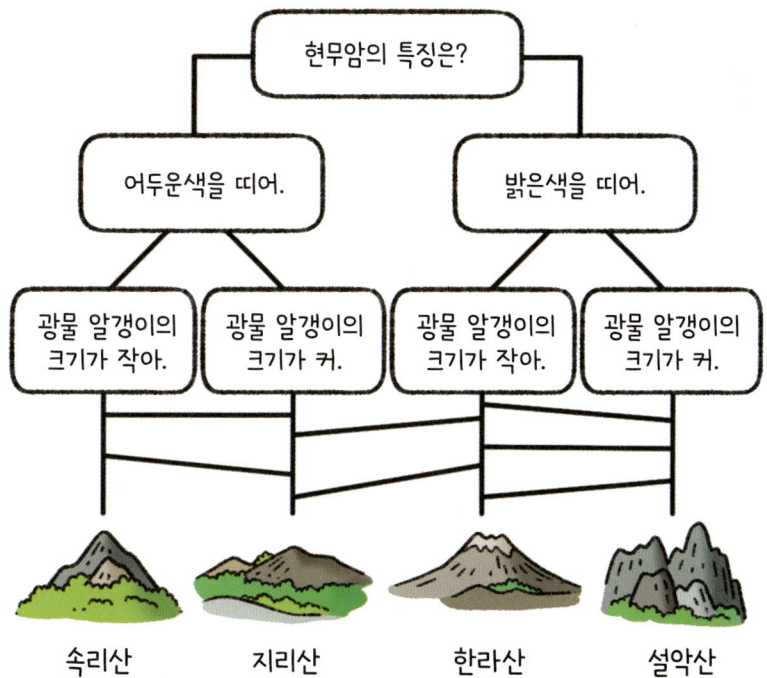

| 용선생의 과학 카페 | 용선생의 한국사 카페 | 용선생의 세계사 카페 |

https://cafe.naver.com/yongyong

용선생의 과학 카페

과학계의 핵인싸,
용선생의 과학 카페에
오신 걸 환영합니다.

Log in

오늘은 어떤 재미난 지식을 올려 볼까?

MENU

물리면 아프다
화학이 화하하
생물 오징어
지구는 둥글다

이런 곳에도 현무암이?

 현무암은 제주도와 같은 화산 지역에서 많이 볼 수 있는 암석이지만, 우리가 생각지 못한 곳에서도 현무암을 볼 수 있단다. 함께 알아볼까?

> 해양 지각은 현무암으로 이루어져 있어.

해양 지각은 바닷속 해령이라는 곳에서 만들어져. 해령은 해양 지각에서 주위보다 높이 솟아오른 부분이 길게 이어진 지형이야. 이곳에서는 땅속에서 용암이 나오는데, 바닷물 때문에 빠르게 굳어 현무암이 되지. 이렇게 만들어진 현무암이 해양 지각을 이루고 있단다.

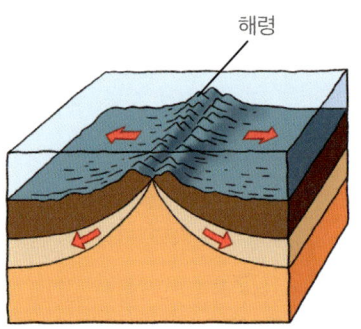

▲ 해령

▲ 바닷속에서 용암이 굳어 만들어진 현무암

> 달의 바다도 현무암으로 이루어져 있어.

달을 자세히 관찰해 보면 밝은색을 띠는 부분과 어두운색을 띠는 부분이 있어. 옛날부터 달을 관찰하던 과학자들은 거무스름해 보이는 부분이 마치 지구의 바다와 비슷해 보인다고 해서 달의 바다라고 불렀어. 반대로 밝게 보이는 부분은 달의 대륙이라 불렀지.

▲ 달의 바다와 달의 대륙

하지만 달의 바다에 실제로 물이 있는 것은 아니야. 어두운색의 암석으로 이루어져 있어서 거무스름해 보이는 거지. 달의 바다를 이루는 어두운색 암석이 바로 현무암이야. 오래전 달의 땅속에서 용암이 나와 빠르게 굳어 현무암이 되었단다.

▲ 달의 현무암 아폴로 15호가 가지고 왔어.

- 장하다의 오답을 피하는 방법
- 나선애의 야무진 실험실
- 왕수재의 아는 척 과학교실
- 허영심의 별 헤는 밤
- 곽두기의 빅뱅 따라잡기

COMMENTS

- 해양 지각에 현무암을 확인하러 가고 싶다.
  └ 나는 달에 가서 확인해 보고 싶어.
  └ 잠수함이랑 우주선이 필요하겠네.
  └ 난 그냥 제주도에 가서 볼래.

6교시 | 변성암

대리암은 어떻게 만들어졌을까?

정말 근사하다. 바닥이랑 벽이 매끈해 보여.

무늬도 정말 예뻐!

"이 사진 좀 봐."

나선애가 스마트폰을 내밀며 말했다.

"뭐 재밌는 거라도 찾았어?"

"그리스에 있는 조각상이라는데, 코가 다 녹아서 없어졌대."

"정말? 돌로 만든 거 아니야?"

"그렇겠지."

"돌이 녹아서 없어졌다니…… 왜 이런 일이 일어났을까?"

"하하, 신기하지?"

용선생의 목소리에 아이들이 뒤돌아보았다.

"어? 선생님, 언제 오셨어요?"

"좀 전에 왔지. 근데 조각상의 코가 녹아버린 사연이 궁금하니?"

"네! 물론이죠."

# 암석의 성질이 변하면?

"선애가 보여 준 사진의 조각상을 만드는 데에 쓰인 암석은 대리암이야."

"아! 대리암. 들어 본 것 같아요."

용선생은 대리암 조각을 아이들에게 보여 주며 설명을 시작했다.

"대리암이 어떻게 만들어졌는지 차근차근 알아보자. 대리암은 변성암에 속하는 암석이야. 변성암은 지난번에 잠깐 나왔었지?"

그러자 곽두기가 손을 번쩍 들고 말했다.

"성질이 변해서 만들어진 암석이라는 뜻이었어요."

"하하, 잘 기억하고 있구나. 변성암은 원래 있던 암석이 성질이 변해 만들어진 새로운 암석이야."

"그럼 대리암은 원래 어떤 암석이었어요?"

"대리암은 석회암이 변해서 만들어진 암석이야. 지금부터 변성암이 되는 과정을 자세히 알아보자."

"네, 좋아요."

아이들이 자세를 고쳐 앉자 용선생이 말했다.

"원래 있던 암석을 변성암으로 변하게 하는 작용을 '변

▲ 대리암

성 작용'이라고 하는데, 자연에서 볼 수 있는 변성 작용은 크게 두 가지가 있어. 첫 번째는 강한 열을 받는 경우이고, 두 번째는 강한 열과 높은 압력을 동시에 받는 경우이지."

"강한 열이랑 높은 압력이 어디서 오는데요?"

장하다가 머리를 긁적이며 물었다.

"먼저 강한 열은 보통 지하에서 암석 틈을 지나가는 마그마에서 나와. 뜨거운 마그마가 지나가면 근처에 있던 암석들이 강한 열을 받아 변성암이 되는 거지."

"강한 열을 받는다고 암석이 변해요? 상상이 안 돼요."

"원래 있던 암석이 마그마에서 나온 강한 열을 받으면 그 속의 광물들이 녹은 뒤 다시 굳어. 그러면서 광물 알갱이의 크기가 커질 수도 있고, 다른 암석에서 녹은 물질이 섞이면서 성분이 달라질 수도 있지."

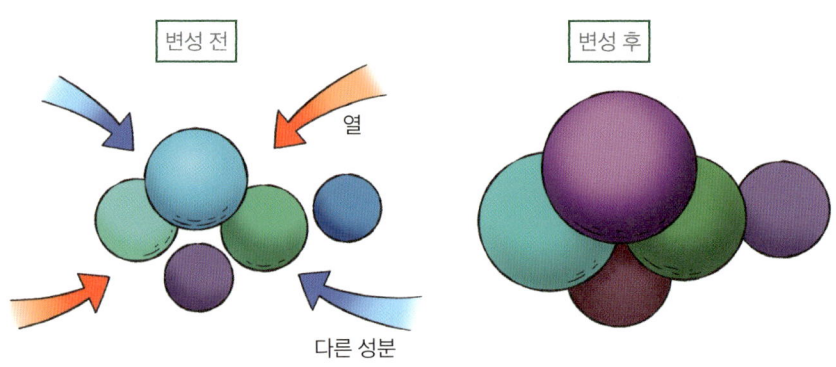

▲ 열에 의한 변성 작용

"오호, 그런 식으로 변성암이 되는군요."

"게다가 지하 깊은 곳은 위에 있는 무거운 암석이나 지각 변동 때문에 높은 압력이 작용할 수 있어. 강한 열뿐 아니라 높은 압력을 함께 받을 때에도 역시 변성암이 만들어진단다."

"이때에도 강한 열을 받을 때와 비슷한 일이 일어나요?"

"응. 그런데 높은 압력까지 받으면 한 가지 일이 더 일어난단다. 열에 녹은 광물 알갱이가 압력에 눌리면서 줄무늬가 나타나."

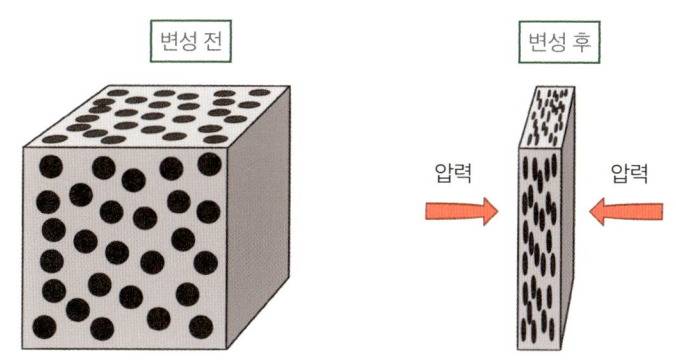

▲ 압력에 의한 변성 작용

설명을 열심히 듣던 왕수재가 손가락을 탁 튕기며 말했다.

"아하, 호떡을 만들 때처럼요?"

"우아, 정말 좋은 비유야. 밀가루 반죽 속에 설탕을 넣고 꾹 누르면 녹은 설탕이 납작해지지? 그것과 비슷한 일이

변성암이 만들어질 때 일어나는 거야."

"아하, 그럼 변성암의 줄무늬는 높은 압력을 받았을 때에만 나타나겠네요?"

"맞아. 변성암에 줄무늬가 있느냐 없느냐에 따라 열만 받았는지, 열과 압력을 모두 받았는지 알 수 있지."

"어쨌든 변성암은 지하 깊은 곳에서 만들어지는군요."

"잘 이해했구나! 변성암은 지표보다는 지하에 많아. 마그마와 관련 있는 화성암도 지하에 많지. 반면에 퇴적암은 지하보다 지표에 더 많다는 것도 함께 알아 둬."

아이들이 "네!"하고 대답했다.

> 용선생의 과학 현미경
>
> 지하에 있는 암석의 약 95%가 변성암과 화성암이야. 반면 지표에 있는 암석의 약 75%가 퇴적암이지.

핵심정리

원래 있던 암석이 변성 작용을 받아 성질이 변해 만들어진 암석을 변성암이라고 해. 변성 작용에는 열을 받는 경우와 열과 압력을 모두 받는 경우가 있어.

변성암을 소개합니다

"이제 대리암이 어디에 쓰이는지 알아볼까? 대리암은

겉 부분을 갈고 닦으면 반짝거리는 성질이 있어. 또 암석 중에서는 무른 편이라 깎고 다듬기 좋아. 그래서 건물을 장식할 때에나 조각품을 만들 때 많이 쓰여."

그때 허영심이 뭔가 떠오른 듯 손을 들고 물었다.

"참, 근데 조각상의 코는 왜 없어진 거예요?"

"그건 비 때문이야. 대리암의 주성분은 탄산 칼슘인데, 빗물에는 공기 중의 이산화 탄소가 녹아 있어서 탄산 칼슘을 조금씩 녹일 수 있단다. 빗물이 오랜 세월 대리암 조각상에 떨어지면서 조각상의 표면이 조금씩 녹아 오늘날에 이른 거지. 그중에서도 밖으로 많이 튀어나와 있는 코 부분이 제일 많이 녹는단다."

"비 때문에 아름다운 조각상이 피해를 본다니…… 너무 안타까워요."

 용선생의 과학 현미경

요즘에는 산성비가 많이 내리면서 대리암 조각상의 피해가 더 커지고 있어. 산성비에는 공장이나 자동차에서 나온 오염 물질이 녹아 있어 자연 상태의 빗물보다 탄산 칼슘을 더 잘 녹인단다.

▲ 빗물에 표면이 녹은 조각상

"그래서 요즘에는 주로 건물의 내부에만 대리암을 사용하고, 외부에는 잘 사용하지 않아."

"그렇겠네요. 비 때문에 조금씩 녹을 테니까요. 근데 대리암 말고 다른 변성암은 없어요?"

"당연히 있지."

용선생은 씩 웃으며 표를 하나 띄웠다.

▲ **여러 가지 변성암** 원래 암석의 종류에 따라 다양한 변성암이 만들어져. 셰일은 진흙이 퇴적되어 만들어진 이암의 한 종류로, 가로 줄무늬가 보이고 얇게 쪼개지는 성질이 있어.

▲ 정원 장식용으로 사용되는 편마암

"편암, 편마암, 규암…… 종류가 참 많네요. 이름도 어렵고요."

장하다가 머리를 긁적이며 말했다.

"하하, 이 중 우리가 많이 사용하는 건 대리암과 편마암 정도란다. 대리암의 쓰임새는 좀 전에 알아보았고, 편마암은 아름다운 줄무늬가 있어서 정원을 장식하는 데에 많이 사용하지."

"오호, 앞으로는 편마암으로 장식한 정원이 있는지 잘 살펴봐야겠어요."

 핵심정리

석회암이 변성되어 만들어진 대리암은 건물의 장식재나 조각품 재료로 많이 사용돼. 편마암은 아름다운 줄무늬가 있어 정원을 장식할 때 많이 쓰여.

 암석은 늘 그대로일까?

"여기서 중요한 사실을 알 수 있어. 원래 있던 암석이 변성암으로 변하는 것처럼, 암석은 한번 만들어졌다고 그대로 유지되는 것이 아니야. 사실 모든 암석은 주위 환경에 따라 오랜 시간에 걸쳐 또 다른 암석으로 계속 변하는 과정을 거쳐."

"흠, 암석이 계속해서 변한다고요?"

"응. 앞에서 배운 퇴적암이 만들어지는 과정을 생각해 보자. 퇴적암은 퇴적물이 쌓여 만들어진다는 것 기억하지? 퇴적물이 만들어지려면 일단 암석이 침식 작용을 받아서 작은 알갱이로 변해야 해. 그 말은……."

"원래 있던 암석이 퇴적물로 변하는 거군요!"

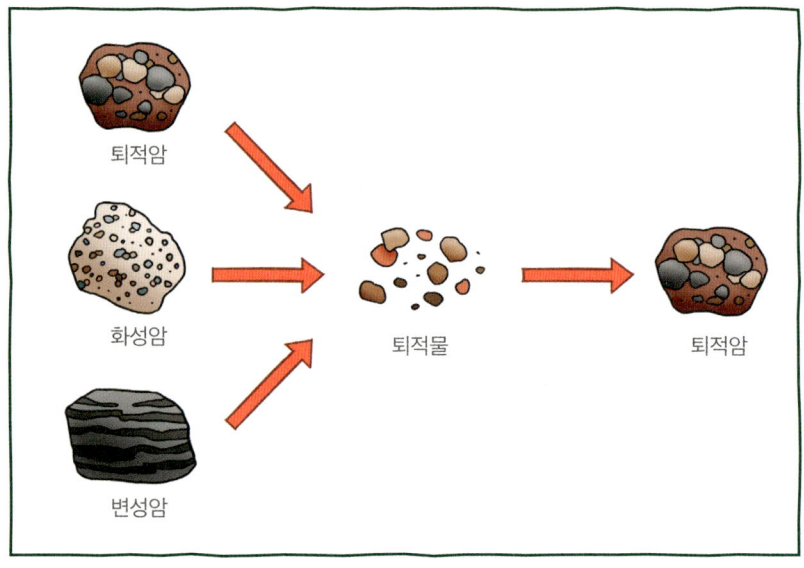

▲ 퇴적암이 만들어지는 과정

"하하. 맞아. 그 퇴적물이 쌓여서 새로운 암석인 퇴적암이 되는 거야. 원래 있던 암석은 퇴적암일 수도, 화성암일 수도, 변성암일 수도 있지."

"오호, 정말 원래 있던 암석이 퇴적암으로 바뀔 수 있겠네요."

"이번에는 화성암이 만들어지는 과정을 생각해 보자. 화성암이 만들어지려면 뭐가 있어야 하지?"

"그야 땅속에 마그마가 있어야 하죠."

"그렇다면 마그마는 어떻게 생겨났지?"

"땅속 깊은 곳에서 암석이 녹은 게 마그마니까…… 앗! 원래 있던 암석이 녹아서 마그마로 변하는 거예요."

"그렇지! 원래 있던 암석은 화성암일 수도, 퇴적암일 수도, 변성암일 수도 있지."

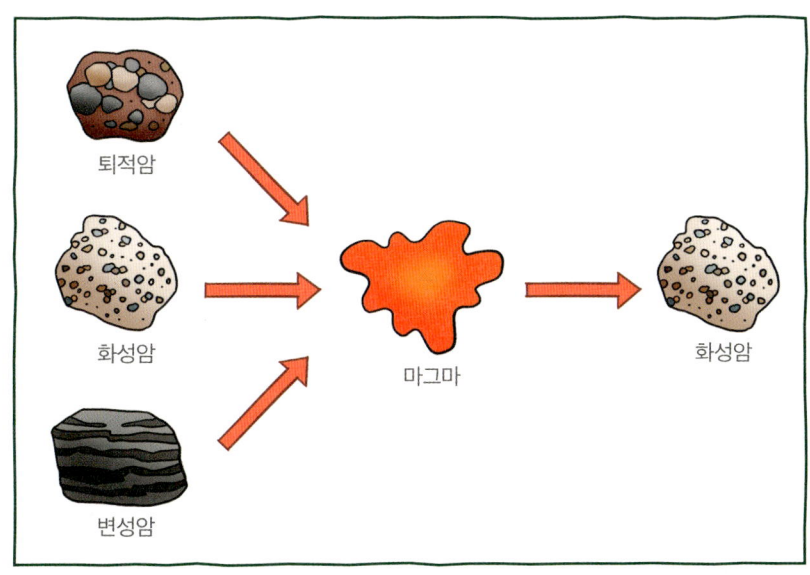

▲ 화성암이 만들어지는 과정

용선생은 잠시 쉬었다 말을 이었다.

"변성암은 어떻게 만들어진다고 했지?"

"원래 있던 암석이 변성 작용을 받아서 새로운 암석으로 변하는 거라고 하셨어요."

나선애가 먼저 손을 들고 말하자, 왕수재도 잽싸게 이어서 말했다.

"원래 있던 암석은 화성암일 수도, 퇴적암일 수도, 변성암일 수도 있고요."

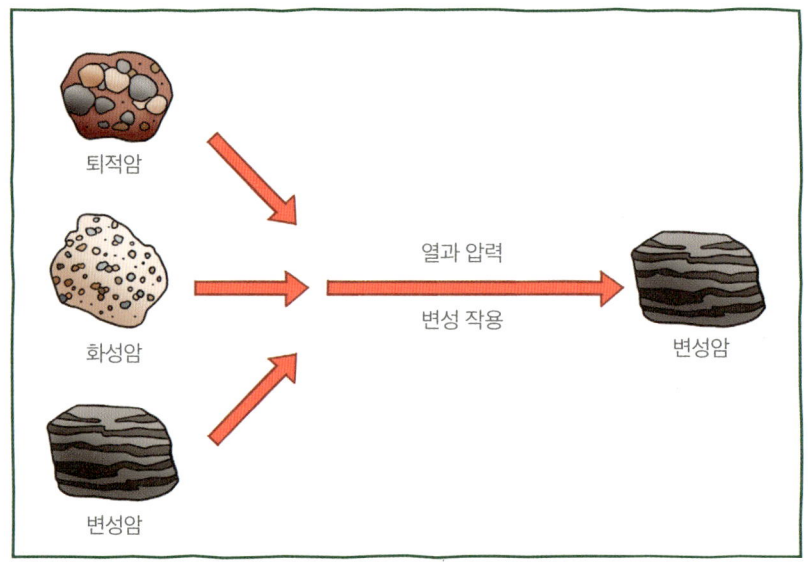

▲ 변성암이 만들어지는 과정

"하하! 맞아. 그러니까 결국 퇴적암이든, 화성암이든, 변성암이든 또 다른 퇴적암, 화성암, 변성암으로 변할 수 있

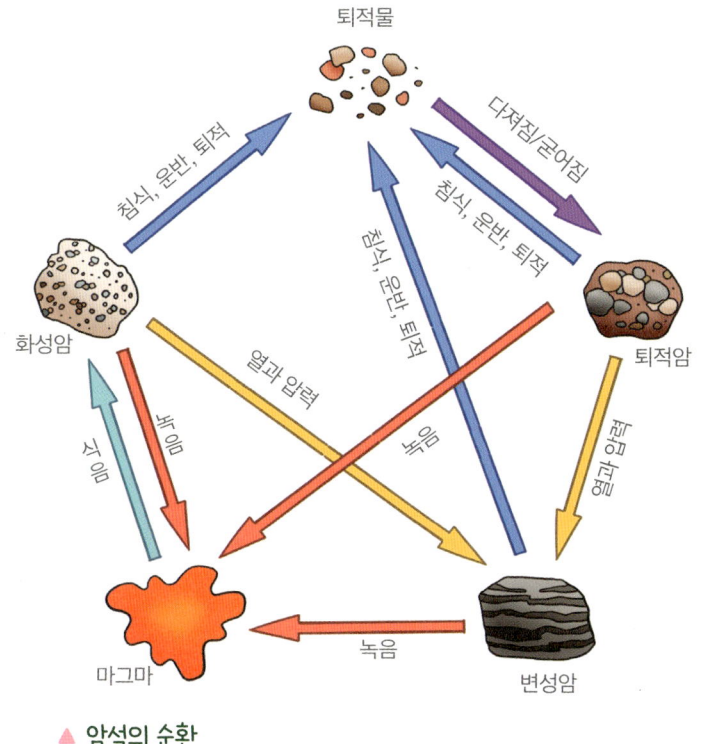

▲ 암석의 순환

다는 거야! 이처럼 암석은 지표와 지구 내부에서 끊임없이 변하는 과정을 거쳐. 이러한 과정을 통틀어 '암석의 순환'이라고 한단다."

"이야, 마치 암석들이 살아 있는 것 같아요."

용선생이 곽두기의 머리를 쓰다듬으며 말했다.

"아주 좋은 표현이야. 하지만 이렇게 암석이 순환하는 데에는 아주 오랜 시간이 걸린다는 사실을 꼭 기억하도록! 이걸로 암석 수업은 모두 마칠게!"

 핵심정리

원래 있던 퇴적암, 화성암, 변성암은 또 다른 퇴적암, 화성암, 변성암으로 변할 수 있어. 이러한 과정을 통틀어 암석의 순환이라고 해.

나선애의 정리노트

1. 변성암
① 원래 있던 암석이 변성 작용을 받아 성질이 변해 만들어진 암석
② 변성 작용
- 열을 받는 경우: 광물의 크기와 성분이 바뀜.
- 열과 ⓐ_____ 을 모두 받는 경우: 추가적으로 ⓑ_____ 가 나타남.

2. 변성암의 종류
① 대리암: ⓒ_____ 이 변성 작용을 받아 만들어진 암석
- 건물의 장식재, 조각품 재료 등으로 쓰임.
② 편마암: 셰일 또는 화강암이 변성 작용을 받아 만들어진 암석
- 정원 장식용 등으로 쓰임.

3. 암석의 순환
① 원래 있던 암석이 또 다른 암석으로 변하는 과정

퇴적물 / 화성암 / 퇴적암 / 마그마 / ⓓ_____

ⓐ 압력 ⓑ 줄무늬 ⓒ 석회암 ⓓ 변성암

 # 과학퀴즈 달인을 찾아라!

●정답은 119쪽에

01

친구들이 이번 시간에 배운 내용에 대해 이야기하고 있어. 옳으면 O, 옳지 않으면 X를 표시해 줘.

① 열만 받아서는 변성암이 될 수 없어. (   )

② 변성암은 모두 줄무늬가 있어. (   )

③ 암석은 또 다른 퇴적암, 화성암, 변성암으로 변할 수 있어. (   )

02

허영심이 산책을 나갔는데, 중간중간 길이 끊겨 있어. 원래 산책로 모양을 알려면 변성 작용을 받기 전 암석과 변성암을 바르게 이으면 된대. 허영심을 도와 산책로를 원래대로 되살려 보자.

가로세로 퀴즈

암석에 관한 가로세로 퀴즈야. 빈칸을 채워 봐.
띄어쓰기는 무시해도 돼.

가로 열쇠	① 광물의 단단한 정도인 굳기를 비교하여 정리한 과학자 ② 조개껍데기나 산호 껍데기 등이 퇴적되어 만들어진 퇴적암 ③ 투명하거나 연한 색을 띠고, 유리나 반도체의 재료로 사용되는 광물 ④ 지구 내부 구조 중에서 지표를 포함한 지구의 가장 바깥쪽 부분 ⑤ 액체를 통과하지 못하는 지진파(첫 글자는 영어 알파벳이야.) ⑥ 원래 있던 암석을 변성암으로 변하게 하는 작용 ⑦ 퇴적물이 다져지는 작용과 굳어지는 작용을 받아 단단하게 굳어 만들어진 암석
세로 열쇠	① 다이아몬드의 또 다른 이름 ② 지진파를 이용해 맨틀의 존재를 밝힌 과학자 ③ 원래 있던 퇴적암, 화성암, 변성암이 또 다른 퇴적암, 화성암, 변성암으로 변하는 과정을 통틀어 이르는 말 ④ 바다 밑에 있는 지각 ⑤ 지진이 일어났을 때 생긴 흔들림이 지구 전 지역으로 퍼져 나가는 것 ⑥ 마그마의 활동으로 만들어진 암석 ⑦ 제주도에 많은 화성암으로, 어두운색을 띠고 광물 알갱이의 크기가 작은 암석 ⑧ 땅 밖으로 나온 마그마에서 기체 성분이 빠져나가고 남은 액체 성분

●정답은 119쪽에

교과서 속으로

교과서에서는 어떻게 배울까?

| 초등 3학년 2학기 과학 | 지표의 변화 |

흙은 어떻게 만들어질까?

- **자연에서 바위나 돌을 부서지게 하는 것**
  - 겨울에 바위틈에 있는 물이 얼었다 녹기를 반복하면서 바위가 부서진다.
  - 바위틈에서 나무뿌리가 자라면서 바위가 부서진다.

- **흙이 만들어지는 과정**
  - 바위나 돌이 작게 부서진 알갱이와 생물이 썩어 생긴 물질들이 섞여서 흙이 만들어진다.

 흙을 물에 넣어 보면 흙이 무엇으로 이루어져 있는지 확인할 수 있지.

| 초등 4학년 1학기 과학 | 지층과 화석 |

퇴적암은 어떤 과정을 거쳐 만들어질까?

- **퇴적암이 만들어지는 과정**
  - 퇴적물이 계속 쌓이면서 그 위에 쌓이는 퇴적물이 누르는 힘 때문에 알갱이 사이의 공간이 좁아진다.
  - 물에 녹아 있는 여러 가지 물질이 풀풀 같은 역할을 하여 알갱이들을 서로 단단히 붙게 한다.

- **퇴적암이 만들어지는 데 걸리는 시간**
  - 퇴적암이 만들어지기까지는 오랜 시간이 걸린다.

 퇴적암이 만들어지려면 다져지는 작용과 굳어지는 작용을 받아야 해.

| 초등 4학년 2학기 과학 | 화산과 지진 |

현무암과 화강암은 어떤 특징이 있을까?

- **현무암**
  - 용암이 지표 가까이에서 빠르게 식어서 알갱이의 크기가 작다.
  - 색깔이 어두우며 구멍이 있는 것도 있다.

- **화강암**
  - 마그마가 땅속 깊은 곳에서 서서히 식어서 알갱이의 크기가 크다.
  - 색깔이 밝으며 여러 가지 색이 포함되어 있다.

 현무암과 화강암은 화성암에 속해!

| 중 1학년 과학 | 지권의 변화 |

지구 내부 구조

- **지각**
  - 암석으로 이루어진 지구의 겉 부분으로, 대륙 지각과 해양 지각이 있다.

- **맨틀**(지각 아래~지하 약 2,900 km)
  - 지구 내부 구조 중 가장 큰 부피를 차지하며, 고체 상태이다.

- **외핵과 내핵**
  - 외핵(지하 약 2,900 km~약 5,100 km): 액체 상태이다.
  - 내핵(지하 약 5,100 km~지구 중심): 고체 상태이다.

 이 모든 걸 지진파로 알아냈다고!

찾아보기

각섬석 49, 86
고령토 56
광물 47-57, 60, 86-90, 102-103
굳기 50-51
금강석 47, 49-52, 55
기온 34
내핵 14, 16, 18, 22-23
대륙 지각 14-15
대리암 101, 104-107
마그마 19-20, 65-66, 79, 83-85, 87-88, 102, 109
모스 50-51
모호로비치치 21
맨틀 14, 16-18, 20-22, 84
반도체 55, 61
방해석 57
변성 작용 102, 110
변성암 65-67, 78-79, 101-104, 106, 108-110
사암 72-73
산화 철 37
석영 49, 55, 87
석회 동굴 36-37
석회암 36-38, 57, 71, 73, 101
수정 55
시멘트 38, 71
암석의 순환 111
암염 65, 73-75
압력 31, 33-34, 37, 66, 70, 79, 102-104

역암 72-73
염산 53
외핵 14, 16, 18-19, 21-23
용암 66, 79, 85-86, 89, 97
운모 56-57
이산화 탄소 37, 105
이암 72-73
장석 49, 56, 87
증발 74
지각 14-16, 18-21, 23, 47-48, 84
지각 변동 73-74, 103
지진파 20-22
지표 14-15, 18, 66-67, 104, 111
지하수 36-37
진흙 30, 68, 72-73
침식 작용 68, 108
탄산 칼슘 37, 70-71, 105
퇴적 67-69, 73
퇴적물 70-72, 79, 108-109
퇴적암 65, 67, 69-74, 78-79, 104, 108-110
편마암 107
풍화 31-32, 35, 56
풍화 작용 32-39
해양 지각 14-15, 96
현무암 83, 85-89, 92-93, 96-97
화강암 47-48, 87-90, 92
화산 20, 65-66, 83-86, 92, 96
화성암 65-67, 79, 83-90, 104, 109-110

흑연 54-55
흑운모 49, 56
흙 14, 19, 28-31, 33, 35, 37-39, 42-43, 60, 78
P파 22-23
S파 22

118

퀴즈 정답

1교시

01 ① ✗ ② ✗ ③ ○

02
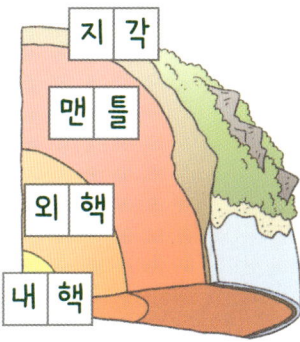

2교시

01 ① ✗ ② ○ ③ ○

02
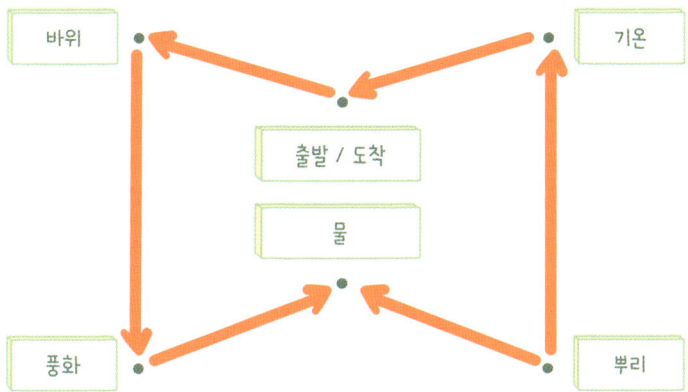

3교시

01 ① X ② X ③ ○

02

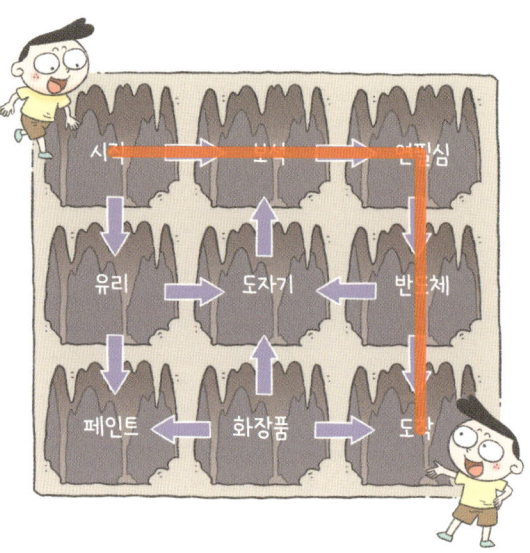

4교시

01 ① ○ ② X ③ X

02

5교시

01 ① ○ ② ✗ ③ ○

02

6교시

01 ① ✗ ② ✗ ③ ○

02

가로세로 퀴즈

							①	②모	스
금								호	
강								로	
②석	회	③암				④해		비	
		③석	영			양		치	
		의				지		치	
		순		④⑤지	각		치		
		환		진					
	⑥와			⑤S	파			⑦현	
⑥변	성	작	⑧용					무	
	암		암			⑦퇴	적	암	

일러두기

- 맞춤법과 띄어쓰기는 국립국어원에서 펴낸 《표준국어대사전》을 따랐습니다.
- 과학 용어 표기는 《2015 개정 교육과정에 따른 교과용도서 개발을 위한 편수자료Ⅲ 기초과학, 정보 편》을 따랐습니다.
- 이 책에 실린 사진은 저작권자로부터 사용 허가를 받았습니다. 저작권자와 접촉하기 위해 최선을 다했으나 불가피한 사정으로 사용 허가를 받지 못한 일부 사진에 대해서는 저작권자와 연락이 닿는 대로 게재 허락을 받고 사용료를 지불하겠습니다.
- 이 책에 실린 그림의 저작권은 별도의 표기가 없는 한 사회평론에 있습니다.

사진 제공

19쪽: Andre Belozeroff(wikimedia commons_CC3.0) | 21쪽: Davorka Herak and Marijan Herak(wikimedia commons_CC0.0) | 29쪽: 포토마토 | 32쪽: ALAMY STOCK PHOTO | 33쪽: Wing-Chi Poon(wikimedia commons_CC2.5) | 34쪽: ALAMY STOCK PHOTO | 37쪽: 퍼블릭도메인 | 38쪽: Amin Faezi(wikimedia commons_CC4.0) | 50쪽: 퍼블릭도메인 | 51쪽: Science Photo Library | 53쪽: Ra'ike(wikimedia commons_CC3.0) | 54쪽: GOKLuLe 盧樂(wikimedia commons_CC3.0), 포토마토 | 56쪽: Olga Ernst(wikimedia commons_CC4.0) | 91쪽: 국립중앙박물관, 국가유산청 | 96쪽: 퍼블릭도메인 | 97쪽: Wknight94(wikimedia commons_CC3.0) | 105쪽: Nino Barbieri(wikimedia commons_CC3.0), 퍼블릭도메인 | 107쪽: Slaia(wikimedia commons_CC4.0) | 그 외: 셔터스톡

용선생의 시끌벅적 과학교실 | 암석

1판 1쇄 발행	2022년 1월 25일
1판 5쇄 발행	2025년 4월 14일
글	김형진, 이명화, 설정민
그림	조현상(매드푸딩스튜디오), 김지희, 전성연
감수	맹승호
캐릭터	이우일
어린이사업본부	이승필
책임편집	이건혁
편집	정세민, 이명화, 홍지예, 김미화, 최예리, 윤성진, 김예린
마케팅	윤영채, 정하연, 안은지, 박찬수, 강수림
경영지원본부	나연희, 주광근, 오민정, 정민희, 김수아, 김승현
아트디렉터	강찬규
디자인	디자인서가
사진	포토마토
펴낸이	윤철호
펴낸곳	(주)사회평론
전화	02-326-1182
팩스	02-326-1626
주소	03993 서울시 마포구 월드컵북로6길 56 사평빌딩
출판등록	1993년 10월 6일 제 10-876호

ⓒ 사회평론, 2022

ISBN 979-11-6273-205-2 73400

- 이 책 내용의 일부나 전부를 다시 사용하려면 저작권자와 사회평론의 동의를 받아야 합니다.
- 잘못 만들어진 책은 바꾸어 드립니다.

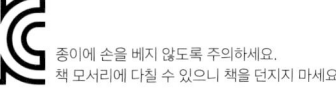

종이에 손을 베지 않도록 주의하세요.
책 모서리에 다칠 수 있으니 책을 던지지 마세요.